Der Ortspolizeibehörde Küssaberg gewidmet.

Zu diesem Buch

Draußen zu Hause? Dann sollten Sie ein paar Regeln kennen. Dieses Buch will Ihnen einen ersten Überblick über das sogenannte Outdoor-Recht geben.

Disclaimer

Der Inhalt dieses Buches wurde sorgfälig recherchiert und zusammengestellt. Dennoch haftet der Autor nicht für die Inhalte. Das Buch will und kann keine Rechtsberatung ersetzen. Es soll lediglich einen ersten Überblick über Rechtsprobleme geben, die „da draußen" bei Ihren Freizeitaktivitäten auftreten können.

Der Autor

Abenteurer, Autor, Anwalt. Guido Block-Künzler wurde 1958 im osthessischen Schlitz geboren. Als Ökologie-Referent des AStA der Justus-Liebig-Universität in Gießen hat er den Widerstand gegen die ‚Startbahn 18 West' im Flörsheimer Wald bei Frankfurt mitorganisiert. Nach dem Studium arbeitete er als Rechtsanwalt und Geschäftsführer des Wissenschaftsladens in Gießen, den er 1984 initiierte. 2004 gründete der Umweltjurist, Umweltaktivist und Umweltpublizist zusammen mit ehemaligen Wissenschaftsladen-Kollegen den Verein für nachhaltige Flächennutzung und Umweltkommunikation e.V. (www.flaechenverbrauch.org). Seit 2006 ist er als Reisebuchautor mit seinem Biwaksack vor allem in Deutschland per Rad und zu Fuß unterwegs.

Reiseberichte veröffentlicht er bei BoD:
www.outdoor-reiseberichte.info
Outdoor-Erfahrung verbindet er mit seiner Anwaltstätigkeit:
www.outdoor-recht.de

Genderstern

Ich verwende den Genderstern*, um alle Menschen anzusprechen. Mit dem * möchte ich dabei auch Personen gerecht werden, die sich in den Kategorien weiblich oder männlich nicht wiederfinden.

Guido Block-Künzler

Schilderwald im wilden Wald

Outdoor im Recht

edition block-kuenzler

CIP-Kurztitel: Block-Künzler, Guido: Schilderwald im wilden Wald –
Outdoor im Recht, 1. Auflage, BoD, Mai 2019.
ISBN   9783735784629

Impressum
Herstellung und Verlag: Books on Demand GmbH, Norderstedt
Umschlagfoto, Bilder und Gestaltung: Guido Block-Künzler

Inhalt

Eichenprozessionsspinner

Ein- und Ausstiegsstelle beim Bootswandern

Flugplätze

Freilaufender Bulle

Fütterungsverbote Wildtiere

Gebührenpflichtiger Strand

Golfbälle, fliegende

Grillstelle und offenes Feuer

Ladestation und Energiediebstahl

Lagern

Landschaftsschutzgebiet

Leinenzwang

Linksgehgebot für Wanderer

Nationalpark

Naturschutzgebiet

Private Wirtschaftswege

Privatsteg

Privatweg: Durchgang verboten

Radfernwege, Fernradwege

Radweghinweis *schwieriger Streckenabschnitt*

Radwegbaustelle

Rad- und Gehwegbenutzungspflicht

Radweg defekt – Weiterfahrt verboten!

Schafhaltung

Schutzhütte, Benutzungsordnung

Starkwind: Warnung vor Astbruch

Straßenquerung, gefährliche

Umfahrung Engstelle, Durchfahrt verboten

Verbotene und erlaubte Früchte

Vogelschutzgebiet

Waldweg

Wanderwegweiser

Die 7 Outdoor-Regeln

Empfehlungen für Natursportler des Kuratoriums Sport und Natur e.V.

Das Kuratorium Sport und Natur ist der Zusammenschluss der deutschen Natursportverbände mit mehreren Millionen Mitgliedern. Ziel des Kuratoriums ist die Förderung der natur- und landschaftsverträglichen Sportausübung. www.kuratorium-sport-natur.de

1. Informiere Dich über die Natur und darüber wie Du sie schützen kannst. Natursport erfordert eine sorgfältige Planung. Informiere Dich also vorab über die lokalen Gegebenheiten, die Anforderungen der Tour und wie Du dich dort umweltgerecht verhalten kannst.

2. Rüste Dich sport- und umweltgerecht aus. Die Ausrüstung soll zweckmäßig, also auf die Anforderungen des jeweiligen Natursportes abgestimmt und langlebig sein.

3. Fahre möglichst mit Bussen und Bahnen oder bilde Fahrgemeinschaften. Wenn möglich, sollte das Auto zu Hause bleiben. Wer nur mit dem Zug fährt, kommt sicherer und oft genauso schnell zu seinem Aufgangspunkt. Jedenfalls läuft man nicht Gefahr, im Stau zu stehen. Falls dennoch das Auto benutz twerden muss, so ist die Bildung von Fahrgemeinschaften eine Selbstverständlichkeit.

4. Nutze markierte Wege, Routen, Park- und Lagerplätze. Nutze die ausgewiesenen Wege und Routen. Beim Abstellen des Autos sind bestehende Park-und Halteverbote anbedingt zu respektieren. Feuer dürfen nur an offiziellen Feuerstellen entzündet werden.

5. Vermeide Müll. Unvermeidbaren Abfall immer mit nach Hause nehmen. Im Erlebnisraum Natur ist dafür kein Platz.

6. Beachte Sperrzeiten und Schutzbereiche. Beachte die aktuellen Zugangsregelungen für das jeweilige Gebiet. Berücksichtige darüber hinaus die gekennzeichneten Schutzbereiche für Tiere und Pflanzen. Aktuelle Informationen hierzu gibt es bei den zuständigen Mitgliedsverbänden.

7. Respektiere den Lebensbereich von Tier und Pflanze sowie die Rechte anderer Menschen. Dass man Blumen nicht pflückt, Wildtiere nicht stört und nicht herumschreit, ist eine Selbstverständlichkeit. Beachte aber auch die Interessen der Anwohner und anderer Nutzergruppen und übe Deinen Sport rücksichtsvoll aus.

Outdoor im Recht

Freizeit total? Wieviel Trubel verträgt die „Erlebniswelt Wald"? Wer darf was im Wald? Unsere Freizeitbedürfnisse sind gewachsen – und mit ihnen die Belastung von Forst, Feld, Flur und Fluss. Unsere Mitwelt leidet zunehmend unter unserer Freizeitgestaltung. Daher unterliegen Freizeitaktivitäten heute Beschränkungen. Viele der Regeln, die wir bei unseren Outdoor-Aktivitäten beachten müssen, kommen folglich aus dem Umwelt- und Naturschutzrecht. Aber nicht nur.

Outdoor-Recht ist ein Gebiet, das Schnittmengen mit einer Vielzahl unterschiedlicher Rechtsgebiete hat und sowohl das Zivil-, wie auch das Strafrecht und vor allem das Öffentliche Recht betrifft. Alleine das Betretungsrecht im Wald ist ein wahrer Dschungel. Die Regeln unterscheiden sich von Bundesland zu Bundesland. In Sachsen ist nach dem Sächsischen Waldgesetz und der auf dessen Grundlage erlassenen Waldsperrungsverordnung kaum etwas erlaubt, in Bayern ist man deutlich liberaler. Dies auch, weil Bayern das einzige Bundesland ist, in dem der Naturgenuss Verfassungsrang hat. Der sogenannte *Schwammerlparagraf* (Art. 141 Abs. 3 Satz 1 BayVerf) garantiert das jedermann zustehende Grundrecht auf Genuss der Naturschönheiten und Erholung in der freien Natur: *„Der Genuss der Naturschönheiten und die Erholung in der freien Natur, insbesondere das Betreten von Wald und Bergweide, das Befahren der Gewässer und die Aneignung wildwachsender Waldfrüchte in ortsüblichem Umfang ist jedermann gestattet. Dabei ist jedermann verpflichtet, mit Natur und Landschaft pfleglich umzugehen. Staat und Gemeinde sind berechtigt und verpflichtet, der Allgemeinheit die Zugänge zu Bergen, Seen, Flüssen und sonstigen landschaftlichen Schönheiten freizuhalten und allenfalls durch Einschränkungen des Eigentumsrechtes freizumachen sowie Wanderwege und Erholungsparks anzulegen."* Die Idee zu dem Verfassungsartikel stammt vom ersten bayerischen Ministerpräsidenten Wilhelm Hoegner, der damit den Zugang der Bevölkerung an den Naturschätzen ermöglichen wollte.
Hoegner war Mitglied der *Naturfreunde Deutschlands e.V.*

Rechtsanwalt Guido Block-Künzler, Wetzlar im Juni 2019

„Gut erholt – und ihr Abfall? Bitte nehmen Sie Ihre Abfälle wieder mit nach Hause … So halten Sie unsere Erholungslandschaft in Ihrem Interesse sauber! Landratsamt Bad Tölz-Wolfratshausen"
Fundort: Bodensee-Königssee-Radweg bei Bad Tölz.

Abfall: Gut erholt, und Ihr Abfall?

Liegenlassen, verbrennen, vergraben – aus den Augen, aus dem Sinn. Was in der Steinzeit mit sortenreinem Bio-Abfall prima funktionierte, das ist heute verboten. Warum? Seitdem sind wir viele geworden. Geordnete Entsorgung wurde zur Pflicht. Daher verlangt Art. 36 des Bayerischen Naturschutzgesetzes die Sauberhaltung der freien Natur: *„Bei der Ausübung des Rechts nach Art. 24 (Anm.: Jedermann hat das Recht auf den Genuss der Naturschönheiten und auf die Erholung in der freien Natur.) dürfen bewegliche Sachen in der freien Natur außerhalb der dafür vorgesehenen Einrichtungen (Anm.: Abfallkörbe und ähnliches) nicht zurückgelassen werden.“*
Was passiert, wenn doch? Dann kann *„die zuständige Naturschutzbehörde Anordnungen gegen den Verursacher treffen.“* Das Bußgeld kann bis zu fünftausend Euro betragen.
Manche Oberschlaue hängen ihre - immerhin - mitgebrachten Müllbeutel in die Bäume, um das Zeug nicht nach Hause tragen zu müssen. Wir Juristen sind kleinlich. Zurücklassen bedeutet nicht, dass es nur aus dem Blick verschwindet. Wer Zivilisationsmüll in die Landschaft trägt, der muss ihn wieder mitnehmen. Das gilt für die Zigarettenkippe bis hin zu Einweggrill und Bierflaschen. Und auch für Leute, die das mit dem *Waldbaden* gründlich missverstanden haben - und ihre alte Badezimmereinrichtung samt Wanne im Wald hinterlassen. Zur Anzeige kommt es freilich nicht immer, weil das illegale Abladen eine Ordnungswidrigkeit ist; und erst als Straftat gilt, wenn nachhaltig die Verunreinigung der Natur oder eine Gefahr für Flora und Fauna droht. Ordnungswidrigkeiten werden oft nicht erfasst. Bei Strafermittlungen, 2018 bayernweit in 510 Fällen, ist die Aufklärungsquote gut, zuletzt bei 73 Prozent. Die Spender der kompletten Badeeinrichtung wurden erwischt. In einem Sack zwischen Fließen und Mörtel fand man ihre Adresse. Shit happens.
Was passieren kann, wenn man seine Abfälle im Wald verbrennt, zeigt ein Fall auf Teneriffa. Da hat ein Obdachloser, der in einer Höhle lebte, einen Waldbrand ausgelöst. Die Folge: Ein toter Feuerwehrmann, Waldfläche in Wüste umgewandelt. Neben den strafrechtlichen Konsequenzen (in Deutschland: § 306 ff. StGB Brandstiftung) drohen hohe Schadensersatzforderungen und die Einsatzkostenerstattung

„Der Inn ist kein Badegewässer! Baden im Inn kann Ihre Ge-
sundheit beeinträchtigen und die Ihrer Kinder sogar gefährden.
Stadt Mühldorf am Inn"
Fundort: Innufer bei Mühldorf.

Badegewässer

Baden ohne Chlor und mitten in der Natur. Traumhaft. Aber Vorsicht: Nur ein Teil der sogenannten *Wildbadestellen* sind offiziell als Badegewässer beziehungsweise Badestellen ausgewiesen. Nur hier werden in regelmäßigen Abständen Wasserproben entnommen. Die Liste der Badegewässer, die Badegewässerprofile, die Ergebnisse der Qualitätseinstufungen sowie aktuelle Daten zur Wasserqualität in der aktuellen Badesaison finden Sie auf den Internetseiten der Bundesländer.

Grundsätzlich unterliegen auch Gewässer dem Gemeingebrauch (§ 25 - Wasserhaushaltsgesetz WHG), dem jedem zustehenden Recht, öffentliche Sachen wie Straßen, Wege, Grünanlagen, Gewässer ihrer Bestimmung entsprechend zu benutzen. Was im Einzelnen zulässig ist, regelt das Landesrecht. In Hessen ist dies § 19 des Hessischen Wassergesetzes (HWG): *„Jede Person darf … natürliche fließende Gewässer mit Ausnahme von Anlagen nach § 43 Abs. 2 und 3 zum Baden, Tauchen, Tränken, Schöpfen mit Handgefäßen, Eissport und Befahren mit kleinen Fahrzeugen ohne eigene Triebkraft benutzen, soweit nicht besondere Rechtsvorschriften oder Rechte anderer entgegenstehen und soweit Befugnisse oder der Eigentümergebrauch anderer dadurch nicht beeinträchtigt werden."*

Rechtsgrundlage für *Badegewässer* ist die Richtlinie 2006/7/EG des Europäischen Parlamentes und des Rates vom 15. Februar 2006 über die Qualität der Badegewässer und deren Bewirtschaftung. *„Diese Richtlinie gilt für jeden Abschnitt eines Oberflächengewässers, bei dem die zuständige Behörde mit einer großen Zahl von Badenden rechnet und für den sie kein dauerhaftes Badeverbot erlassen hat oder nicht auf Dauer vom Baden abrät (nachstehend Badegewässer genannt)."* Die hessische Verordnung über die Qualität und die Bewirtschaftung der Badegewässer vom 21. Juli 2008 setzt die EG-Richtlinie in hessisches Landesrecht um: *„§ 2 (2) Ein Badegewässer ist jeder Abschnitt eines Oberflächengewässers, bei dem mit einer großen Zahl von Badenden zu rechnen ist und für den kein dauerhaftes Badeverbot erlassen ist oder nicht dauerhaft vom Baden abgeraten wird. … Die Durchführung dieser Verordnung obliegt den Gesundheitsämtern als Aufgabe des öffentlichen Gesundheitswesens."* Nicht vom Badeverbot erfasst wird, wenn Sie zur Erfrischung kurz die Füße hineinhalten oder im seichten Wasser waten.

„Baden auf eigene Gefahr. Bei Unfällen übernimmt der Markt
Schliersee keine Haftung. Markt Schliersee"
Fundort: Badestelle am Schliersee.

Baden auf eigene Gefahr

Wildwasserbaden ist in. Für manche Gegenden in Europa gibt es sogar Reiseführer, die auf besondere Locations hinweisen. Ohne Chlor, in wunderschönen Landschaften: Das reizt viele Leute. *„Wild swimming"* klingt nach ganz großem Abenteuer, nach Stromschnellen und Wasserfällen. In Wirklichkeit heißt es aber nur: draußen schwimmen. Und zwar im Teich, See oder auch Fluss, der nicht offiziell für den Badebetrieb ausgeschrieben ist.

Was bedeutet es aber, wenn an einem idyllischen Waldsee ein Schild steht *„Baden auf eigene Gefahr"*? 2016 geschahen rund fünfundsiebzig Prozent aller tödlichen Badeunfälle an unbewachten Binnengewässern. Über vierhundert Menschen ertranken in Flüssen, Bächen, Seen und Teichen. Niemand übernimmt eine Haftung für die Risiken der Natur. Dennoch ist es ein Trugschluss, wenn die Kommunen meinen – die Schilder finden sich in fast jeder Gemeinde - dass man sich mit dem Aufstellen eines Schildes *"Baden auf eigene Gefahr"* an der Badestelle aller Verantwortung entziehen kann.

Bei einer Badestelle handelt es sich um eine *"jederzeit frei zugängliche Wasserfläche eines Badegewässers"*. Die Nutzung wird gestattet, zumindest aber nicht untersagt. Eine Badestelle zeichnet sich dadurch aus, dass keine Badeeinrichtung besteht: keine Sprungeinrichtung, kein Badesteg, keine Wasserrutsche. Obwohl hier kein Aufsichtspersonal notwendig ist, besteht eine gewisse Verkehrssicherungspflicht. Anders verhält es sich bei so genannten *Naturbädern,* wie sie etwa am Bodensee häufig anzutreffen sind. Sie zeichnen sich meist durch bädertypische Ausbauten wie Duschen und Umkleidekabinen aus. Hier besteht zusätzlich eine Aufsichtspflicht, die häufig der DLRG wahrnimmt. Bei einem Naturbad, so die Richtlinie der Deutschen Gesellschaft für das Badewesen, hat ein Badbetreiber eine gekennzeichnete Wasserfläche zum Baden freigegeben. Für diese Fläche besteht dann auch eine Aufsichtspflicht. Dabei ist nicht entscheidend, ob die Fläche eingezäunt ist oder kein Eintritt verlangt wird.

Wird der Pflicht zur Sicherung des Badebetriebs nicht nachgekommen, begeht der Betreiber eine Unterlassung. Allerdings ist auch klar: Bei einem Badebetrieb kann es keine hundertprozentige Sicherheit geben.

„Baden im Hafen untersagt."
Fundort: Sporthafen Dettingen-Wallhausen am Bodensee

Badeverbot

Badeverbot am Ballermann. Da hört der Spaß auf. Die Zeitung mit den großen Buchstaben titelte im Juni 2017 *'PANIK: Hai-Alarm auf Mallorca!"* Badegäste in Angst und Schrecken. Zuhausegebliebene bangten um ihr wohlverdientes Urlaubsvergnügen auf dem Teutonengrill.

Badeverbote wegen Haien sind in Deutschland eher selten. Unsere Obrigkeit schützt uns vor anderem Ungemach. Am Tegeler See waren es die giftigen Blaualgen, im Weiher von Baindt bei Ravensburg eine ausgesetzte Würgeschlange und im Sporthafen von Dettingen-Wallhausen die Gefahr, von den Booten eingequetscht oder schlicht versehentlich überfahren zu werden. Die Gründe für Badeverbote sind sehr unterschiedlich. Alle Fälle eint: Es besteht eine konkrete Gefahr für die öffentliche Sicherheit und Ordnung.

Badeverbote sind auf der Grundlage des Polizei- und Ordnungsrechts möglich (siehe z. B. § 12 der Sicherheitsverordnung der Stadt Landshut), um Gefahren für Leib und Leben abzuwehren. Es gilt zwar grundsätzlich das Selbstgefährdungsrecht. Doch das hat seine Grenzen. Aus Gründen der Sicherheit ist zum Beispiel in Berlin das Baden generell verboten in der Spree, in den Kanälen, in den Häfen, an Brücken in Schleusen, an Schiffsanlegestellen, sowie an Fähren verboten. Die einschlägigen Polizeiverordnungen der Kommunen sehen Geldbußen vor. Hier ein Beispiel: *„Nach Art. 74 Abs. 1 Nr. 5 Buchst. a BayWG kann mit Geldbuße bis zu 5.000 € belegt werden, wer vorsätzlich oder fahrlässig dem in § 12 ausgesprochenen Badeverbot zuwiderhandelt."* (Verordnung der Stadt Landshut über die Aufrechterhaltung der öffentlichen Sicherheit und Ordnung - Sicherheitsverordnung – SiVO - Stand: 18.12.2017). Landshut will das Badeverbot inzwischen aufheben. Ohnehin hat sich niemand daran gehalten. Und die Isargemeinde ist die letzte, die ihre BürgerInnen vor den Gefahren des Flusses schützen will.

Badeverbote sollten ernst genommen werden, wenn sie gut begründet sind. Keine Frage. Nur manchmal schießt die um unser aller Wohl besorgte Obrigkeit weit übers Ziel hinaus.

Zurück zum Ballermann: Der Schatten im Mittelmeer erwies sich als abgemagerter und verletzter Blauhai. Das zwei Meter lange Tier musste mit einem Morphium-Pfeil eingeschläfert werden.

"Benutzungsordnung für die Freizeitanlage Lahnanlage. Liebe Mitbürgerinnen und Mitbürger, als Nutzer dieser Grünanlage haben Sie sich so zu verhalten, dass kein anderer gefährdet, geschädigt oder mehr als nach den Umständen unvermeidbar behindert oder belästigt wird ..."

Fundort: Lahnanlage in Diez.

Benutzungsordnung einer Freizeitanlage

Strahlender Sonnenschein. Der Himmel über Berlin: blau. Am Ostersonntag 2018 ging um 13.30 Uhr im Polizeirevier 51 ein Notruf ein: *„Sie müssen zum Volkspark Friedrichshain kommen. Hier laden welche mehrere rohe Schafe aus dem Auto."* Die Beamten fanden zwölf Tierleichen, eine hungrige hundertköpfige Grillgemeinde und eine riesige Feuerstelle vor. Die Ordnungshüter riefen daher die Feuerwehr. Sie beseitigte die akute Brandgefahr. Das Ordnungsamt von Friedrichshain-Kreuzberg kam nicht. Es war schließlich Feiertag. Dafür hatte es später zu entscheiden, ob die Grillgesellschaft ein Bußgeld zahlen muss. Das wird ihr kaum erspart geblieben sein.

Grünanlagen und Freizeitanlagen aller Art sind öffentliche Einrichtungen (OVG Münster, NJW 1976, S. 821). Sie werden im öffentlichen Interesse (Daseinsvorsorge) unterhalten und durch eine behördlich Widmung den Einwohnern zugänglich gemacht. Diese kann durch Ratsbeschluss, Satzung etc. oder konkludent erfolgen. Durch die Widmung werden Zweck sowie Benutzungsart und -umfang festgelegt und regelmässig in einer Benutzungsordnung festgeschrieben.

Nach den Gemeindeordnungen der Bundesländer haben alle Einwohner der Gemeinde grundsätzlich einen Anspruch auf Benutzung (normiert zum Beispiel in § 8 Abs. 2 und Abs. 4 GemO NRW). Dies allerdings nur im Rahmen des geltenden Rechts. Folgerichtig gestattet die Ortpolizeibehörde Küssaberg die *„mißbräuchliche Nutzung"* ihrer Freizeitanlage nicht. Recht so!

Wer gegen die Benutzungsordnung (Voraussetzung in der Regel: wiederholt und in schwerwiegender Weise) verstößt, der kann von der Benutzung befristet oder unbefristet ausgeschlossen werden oder durch Weisung der Ordnungspolizei der Kommune des Platzes verwiesen werden. Zudem stellen Verstöße eine Ordnungswidrigkeit dar *„und können mit einem Bußgeld bis 5000 Euro belegt werden. (Auszug aus der Grünanlagensatzung der Stadt Diez v. 01.06.2011)."* In Diez ist offenes Feuer jeglicher Art durch die Benutzungsordnung untersagt.

Das letzte Wort hat die coole Berliner Polizei: *„Gegen das Grillen ganzer Schafe ist nichts einzuwenden".* Nun ja – Veganer denken darüber anders. Gleiches gelte für Spanferkel. *„Was dagegen überhaupt nicht geht, ist die Feuerstelle, die dafür geschaffen wurde".* Sie war schlicht zu groß, zu gefährlich.

„Bergwanderweg/Klettersteig Mehring und Riol.
Liebe Besucher, über diesen Waldweg gelangen Sie zum
Klettersteig ..... Der Fußpfad führt Sie stellenweise durch steiles,
felsiges Gelände. Bitte beachten Sie die Sicherheitshinweise. ...
Achtung. Begehen auf eigene Gefahr. Trittsicherheit und feste
Schuhe erforderlich. An Seilsicherungen Handschuhe
empfohlen."
Fundort: Moselradweg östlich von Riol.

Bergwandern und Klettersteig

Bergwandern steht weit vor Hochtouren, Skitouren und Klettern an der Spitze der einschlägigen unfallträchtigen Aktivitäten. Dabei wird im Gegensatz zum Bergsteigen komplett auf eine Partnersicherung verzichtet. Jeder Bergwanderer muss das Gelände allein beherrschen. Hauptunfallursache sind schlichte Ausrutscher.

Man teilt die Strecken beim Bergwandern grob anhand der Schwierigkeiten in Talwanderung (gelb markierter Weg), Bergwanderung (weiß-rot-weiß markierter Weg) und Alpinwanderung (weiß-blau-weiß markierter Weg) ein. Diese Einteilung hat sich in ähnlicher Form bereits in der Schweiz, in Liechtenstein und in Teilen Österreichs bewährt. Damit Sie sich auch bei schlechten Sichtverhältnissen und Schlechtwettereinbrüchen sicher orientieren können, sind zwischen den einzelnen Wegweisern oft auch Bodenmarkierungen zu finden.

Wer auch immer die Wanderwegmarkierung angebracht hat: zu einer gesteigerten Haftung wegen Verletzung der Verkehrssicherungspflich führt das alleine nicht, wenn diese Wege nicht gewidmet sind und der Wald nicht in öffentlicher Hand ist.

Der Bundesgerichtshof hat sich in seinem Waldwege-Urteil vom Oktober 2012 (Az.: III ZR 352/13, NJW 2013, 48) zur Frage, ob sich die haftungsrechtliche Lage ändert, wenn Waldwege als Wanderwege besonders ausgewiesen und zum Zwecke der Wegeführung und Orientierung markiert werden, nicht explizit geäußert. Das Wort *Verkehrssicherungspflicht* sorgt daher immer noch bei einigen für Kopfschmerzen. Vor allem GrundstückeigentümerInnen sorgen sich darum, bei Unfällen in ihrem Wald oder auf ihren Wegen haftbar gemacht werden zu können. Nach überwiegender Meinung besteht an markierten Wanderwegen weder für den Waldbesitzer noch für den Träger der Wegweisung eine Baumkontrollpflicht. Denn es sei nicht ersichtlich, weshalb die Benutzer eines als Wanderweg ausgeschilderten Wegs aufgrund der Beschilderung annehmen dürfen, dass die dort vorhandenen Bäume frei von baumtypischen Gefahren seien (LG Saarbrücken, Urt. v. 3.3.2010, 12 O 271). PS: Restrisiken werden inzwischen vermehrt vertraglich an die Kommune übertragen – sofern sie nicht ohnehin Eigentümerin oder Besitzerin des Waldes ist.

„Betreten verboten! Das gesamte Dünengebiet ist Naturschutz!
Die Trampelpfade sind nur für die <u>vierbeinigen</u> Schafe!"
Fundort: Wanderdünen von List (Sylt).

Betreten verboten (Schutzgebiet)

Die Lister Wanderdüne gehört zu den Highlights der Urlaubsinsel Sylt, doch sie darf nur mit einer Sondergenehmigung betreten werden. Seit ihrer Gründung 1895 in Wien haben die *Naturfreunde* für den freien Zugang zur Natur gekämpft. Und nun das: Zugangsverbot auf der Insel der Schönen und Reichen. Was ist passiert, seit *Naturfreund* und SPD-Ministerpräsidenten Wilhelm Hoegner 1946 das Zugangsrecht zum ersten Mal in einer deutschen Verfasung efolgreich verankerte? Artikel 141 der Verfassung des Freistaates Bayern verpflichtet Gemeinden und den Staat, der Öffentlichkeit den Zugang zu Bergen, Seen und Flüssen zu ermöglichen – ein Jedermannsrecht!

Am 1. Januar 1977 trat nach endlosen Diskussionen das Bundesnaturschutzgesetz als Rahmengesetz in Kraft. Hier findet sich endlich der jahrzehntelange Kampf der *Naturfreunde* wieder. Zum Zweck der Erholung räumt § 59 BNatSchG grundsätzlich ein Betretungsrecht in der freien Landschaft ein: *„Das Betreten der freien Landschaft auf Straßen und Wegen sowie auf ungenutzten Grundflächen zum Zweck der Erholung ist allen gestattet."* Im Landesrecht ist der Grundsatz in unterschiedlicher Weise umgesetzt: Teilweise wird das Betretungsrecht auf Wege und Feldraine beschränkt (z.B. § 30 NatSchG SH), teilweise werden auch nicht landwirtschaftlich genutzte Flächen (§ 49 LG NRW) oder landwirtschaftliche genutzte Flächen außerhalb der Nutzzeit (§ 37 Abs. 1 NatSchG BW) einbezogen. Grundsätzlich sind aber nur *„extensive"*, d.h. die Landschaft nicht belastende Formen der Erholung zuzulassen (VGH Mannheim, NuR 1995, 462). Ergänzt werden die naturschutzrechtlichen Betretungsregelungen durch forstrechtliche Regelungen (§ 14 BwaldG) und durch den wasserrechtlichen Gemeingebrauch an oberirdischen Gewässern (§ 23 WHG).

Zurück zur Ausgangsfrage: Was ist mit dem Betretungsrecht passiert? Die Angst vor der Zerstörung von Natur und Landschaft durch unreglementierte Freizeitnutzung beschränkt heute das Betretungsrecht. Das Betreten kann daher durch behördliche Entscheidung beschränkt oder untersagt werden: durch entsprechende Gebote und Verbote z.B. in Schutzgebietsverordnungen (Einschränkungen des Reitens, VGH München, NuR 1990, 219).

„Biospärenreservat Bliesgau. Herzlich Willkommen!"
Fundort: Bliesgau im südöstlichen Saarland.

Biosphärenreservat

Am Paradeplatz im barocken Blieskastel steht die Touristen-information. Sie ist gleichzeitig die Geschäftsstelle des Biosphären-zweckverbandes Bliesgau im Osten des Saarlandes. Mit dessen Grün-dung haben die Biospärenkommunen – weltweit einmalig – den Rahmen gesetzt, Hand in Hand und auf partnerschaftlicher Ebene, sich den spezifischen Herausforderungen der Region zu stellen. Die lassen sich sinnvoll nur interkommunal bewältigen. Denn in den von der UN-ESCO initiierten Modellregionen sollen nachhaltige Entwicklung in ökologischer, ökonomischer und sozialer Hinsicht exemplarisch verwirklicht werden. Der eigens gegründete Biosphärenverein ist „Biosphäre zum Mitmachen" - Ideenschmiede und Bürgerforum. Die Gesamtfläche der 17 Biosphärenreservate in Deutschland beträgt 1.994.276 ha oder 3,7 Prozent der Landfläche Deutschlands.
Biosphärenreservate sind durch § 25 des Bundesnaturschutzgesetzes (BNatSchG) geschützt. Das definiert definiert sie als *„einheitlich zu schüt-zende und zu entwickelnde Gebiete,* die *„großräumig und für bestimmte Land-schaftstypen charakteristisch sind; „in wesentlichen Teilen ihres Gebiets die Voraus-setzungen eines Naturschutzgebiets, im Übrigen überwiegend eines Landschafts-schutzgebiets erfüllen; vornehmlich der Erhaltung, Entwicklung oder Wiederherstel-lung einer durch hergebrachte vielfältige Nutzung geprägten Landschaft und der dar-in historisch gewachsenen Arten- und Biotopvielfalt, einschließlich Wild- und frühe-rer Kulturformen wirtschaftlich genutzter oder nutzbarer Tier- und Pflanzenarten, dienen und beispielhaft der Entwicklung und Erprobung von die Naturgüter beson-ders schonenden Wirtschaftsweisen dienen."* Diese Regelung gibt den einzelnen Bundesländern die Möglichkeit, sie durch Spezialgesetz oder Verord-nung auszuweisen. So ist es im Saarland mit der Verordnung über das Biosphärenreservat Bliesgauvom 30. März 2007 geschehen. Entspre-chend § 16 Abs. 2 des Saarländischen Naturschutzgesetzes sind nach dieser Verordnung alle Handlungen und Maßnahmen verboten, die auf den Flächen der Kernzonen zu einer Zerstörung, Beschädigung, Verän-derung oder zu einernachhaltigen Störung führen können. Insbesonde-re ist verboten, Tiere oder Pflanzen einzubringen, zu entnehmen, zu schädigen oder zu stören. Auch ist es verboten, Hunde frei laufen zu lassen und Flächen der Kernzonen außerhalb der Wege zu betreten.

„Keine Haie im Rhein. Die Schaffhauser Polizei und Kantonspolizei Thurgau geben Entwarnung: Auf dem Hochrhein besteht garantiert keine Gefahr durch Haifische.
Achtung:
Halten Sie Distanz zum Schiffsverkehr, Brückenpfeilern und Wiffen. Binden Sie Boote nie zusammen und tragen Sie zu Ihrer eigenen Sicherheit Rettungswesten! Solange Sie sich an die 6 Flussregeln der SLRG halten, können Sie den Sommer am Rhein unbeschwert und sicher genießen."
Fundort: Promenade in Stein am Rhein (Schweiz)

Bootswandern und Gewässernutzung

Der Rhein hat eine Fließgeschwindigkeit von bis zu 9 km/h. Untrainierte Schwimmer*innen kommen auf einen Stundenkilometer. Innerhalb von einer Minute treiben sie über hundert Meter ab. Hier am Hochrein fliest er noch schneller. Dafür ist das Ufer nicht allzu fern. Das sieht am Niederrhein ganz anders aus. Ab Basel kommt noch der Binnenschiffahrtsverkehr hinzu. Wer in den Sog der dicken Pötte gerät landet bei der Schiffsschraube.

Das Schild der Kantonspolizei in Stein am Rhein wiil Aufmerksamkeit erregen. Aufmerksamkeit für eine schlichte, häufig vergessene Tatsache: Weder der Rhein noch andere große Flüsse sind Spaßbäder. Ihnen ist mit Vorsicht, Respekt und unter Beachtung von Regeln zu begegnen. Es ist daher eine Frage des gesunden Menschenverstandes, die auf dem Plakat der Kantonspolizei aufgelisteten Flussregeln der Schweizer Lebensrettungsgesellschaft zu befolgen: *„Schlauchboote müssen mit Rettungswesten ausgerüstet sein. Die auf dem Boot angegebene Nutzlast darf nicht überschritten werden. Boote nicht zusammenbinden! Sie sind nicht mehr manövrierfähig. Unbekannte Flussabschnitte müssen vor der Fahrt erst erkundet werden. In freie Gewässer (Flüssen, Weiher, Seen) wagen sich nur gute und geübte Schwimmer. Unterkühlung kann zu Muskelkrampf führen. Je kälter das Wasser, umso kürzer der Aufenthalt im Wasser! SLRG SSS "*

In Deutschland sind Beschränkung des Gemeingebrauchs (§ 19 Abs.1 Nr.1 HWG zu § 25 Satz 1 des WHG) zur Verhütung von Gefahren durch sogenannte Polizeiverordnungen möglich. Beispiel: Verordnung der Stadt Landshut über die Aufrechterhaltung der öffentlichen Sicherheit und Ordnung (Sicherheitsverordnung – SiVO, Stand 18.12.2017). Hier: Beschränkung des Gemeingebrauchs der Isar: *„Zur Verhütung von Gefahren für Leben, Gesundheit und Eigentum wird auf den in Absatz 2 genannten Strecken der Isar im Stadtgebiet Landshut das Befahren mit Wasserfahrzeugen ohne eigene Triebkraft verboten...."* Nach Art. 74 Abs. 1 Nr. 5 Buchst. a BayWG kann mit Geldbuße bis zu 5.000 € belegt werden, *„wer vorsätzlich oder fahrlässig ... dem in § 13 Abs. 1 ausgesprochenen Verbot des Befahrens der Isar zuwiderhandelt. "*

„*Das Campen sowie Abstellen von Wohnmobilen, Wohnwagen*
und Bootsanhängern auf den Parkplätzen ist untersagt.
Bürgermeisteramt"
Fundort: Irgendwo im bayerischen Voralpenland.

Campen und Wohnmobile untersagt

„Campingplatz zu teuer?" So blaffte mich vor Jahren auf Rügen ein (wer sonst?) SUV-Fahrer an, als ich mich schlaftrunken aus meinem Biwakzelt schälte. Dabei hatte ich keinen Zentimeter der von ihm offensichtlich höchstpersönlich bezahlten Straße okkupiert. Ich war um Mitternacht am Bahnhof in Bergen angekommen und nach endlos langer Fahrt durch die tiefschwarze Nacht vor einem LKW hinter die Leitplanken geflüchtet. Erschöpft stellte ich meine tragbare Höhle auf den schmalen Grünstreifen. Legal war das nicht. Der landesübliche Umgang mit Grün erfordert einen Betonmischer.

Wenn allerdings Parkplätze mit Alpen- oder Seeblick im Sommer permanent von dauerparkenden Campingbussen und Wohnwagen zugestellt werden, ist das eine andere Nummer. Dann können sie ihre eigentliche Funktion nicht mehr wahrnehmen. Parkplätze sind eben keine Campingplätze. Das Problem ist kein geringes. Zu seeligen Hippiezeiten rollten noch einige wenige wacklige VW-Busse über Europas Straßen. Heute sind in Deutschland fast eine Million Caravans unterwegs, teilweise von der Größe eines LKWs. Da passen ganze Sportwagen rein. Wenn solche Brummer Parkplätze blockieren (wie zum Beispiel in Cochem mit Premiumblick auf die Reichsburg), ist das für die Verkehrssicherheit ein Problem. Die Straßenverkehrsordnung untersagt Parken wenn es die Benutzung gekennzeichneter Parkflächen verhindert (§ 12 Abs. 3 Nr. 2 StVO).

Falls Sie keinen ausgewiesenen Stellplatz für Ihr Wohnmobil gefunden haben, können Sie es grundsätzlich überall in Deutschland parken, wo es laut Straßenverkehrsordnung (z.B. Zusatzzeichen) nicht verboten ist. Und campen? Nach einem langen Marsch oder einem Tag auf dem Rad das Zelt an einem netten Plätzchen aufschlagen? Wer beim illegalen Campieren erwischt wird, kommt im besten Fall mit ein paar rügenden Worten davon und wird eventuell dazu aufgefordert, sein Lager woanders aufzuschlagen.

Wildes Zelten gilt als Ordnungswidrigkeit. Solange man sich sonst nichts zuschulden kommen lässt, liegt das zwischen 10 und 50 Euro. Immer eine gute Idee: Verlassen Sie den Platz wie Sie ihn vorgefunden haben!

Rotes Warn-Dreieck mit einem Flugzeug auf weißem Grund und der Zusatz-Beschriftung „*Drachenflieger*".
Fundort: Naabtal nördlich von Kallmünz.

Drachenflieger

Gefahr von oben! Denn sie steuern alleine durch Gewichtsverlagerung. Die Landung gilt folglich als der anspruchsvollste Teil des Drachenfliegens. Flieger gefährden nicht nur sich selbst. Das meint man offensichtlich auch in der oberpfälzischen Gemeinde Kallmünz an der Naab. Vorsichtshalber hat die Kommune in der Nähe des offiziellen Landeplatzes am Straßenrand ein Schild aufgestellt. Grund: Wenn ein Drachenflieger die Kontrolle verliert und Ihren Rücken als Landeplatz nutzt, dann ist das sicher ein ernsthafter Unfall. Nur kommt er seltener vor als ein Sechser im Lotto. Und verantwortlich ist immer der Drachenflieger, nie die Gemeinde. Er ist es, der für die juristischen Folgen aufkommen muss: Fahrlässige Körperverletzung, Schmerzensgeld, Schadensersatz, Behandlungskosten und das ganze Trallala.

Wo darf man überhaupt fliegen? Allein in Deutschland gibt es über 900 Fluggelände. Das Drachenfliegen ist einfach zu erlernen und Drachenpiloten benötigen kein fliegerärztliches Tauglichkeitszeugnis und besondere körperlichen Voraussetzungen. Für das selbständige Fliegen ohne Fluglehreraufsicht ist der Luftfahrerschein – wie der Führerschein beim Autofahren – notwendig. Jugendliche können ab 14 Jahren mit der Ausbildung beginnen und mit 16 die Prüfung ablegen. Nach oben gibt es keinerlei Altersbeschränkungen.

Gestartet werden darf der Natursport nur auf vom DHV (Deutscher Hängegleiterverband) zugelassenen Geländen. Im konkreten Fall liegt er direkt neben einer Straße, denn hier ist das Naabtal eng. Es hat aber wegen der Steilhänge aber gute Flugbedingungen. Gelandet werden muss auf einem offiziellen Landeplatz. Manche Fluggelände haben reine Drachenlandeplätze. Häufiger kommen gemischte Landeplätze vor (Drachen und Gleitschirm). Überall gelandet werden darf nur bei Notfällen.

„Tut mir leid, zu Ihrer eigenen Sicherheit vorübergehend
gesperrt. Achtung Waldarbeit! Lebensgefahr auf und neben den
Wegen. Wir beeilen uns. Versprochen. Forstwirtschaft."
Aufgedruckt auf das Banner sind die Verbotszeichen
"Verbot für Radfahrer" (StVO Verkehrszeichen-Nr. 254),
"Verbot für Fußgänger" (StVO Verkehrszeichen-Nr. 259),
„Verbot für Kraftfahrzeuge" (StVO Verkehrszeichen-Nr. 260),
„Verbot für Reiter" (StVO Verkehrszeichen-Nr. 258).
Fundort: Wanderweg bei Hinterweidental/Pfälzer Wald.

Durchgang verboten

Am Ende eines langen Wandertages stand ich im Pfälzer Wald vor dieser Absperrung. Kaum zwei Kilometer waren es noch zur nächsten Siedlung. Es war schon lange nach Feierabend. Keine Arbeitsgeräusche weit und breit. Jetzt weiterzugehen hieße, ein Bußgeld in geringer Höhe zu riskieren und mich in Lebensgefahr zu begeben, sollte ein Forstarbeiter Überstunden beim Holzeinschlag machen. Jetzt den Umweg über den Berg zu laufen bedeutete, in die Dunkelheit zu laufen und mich möglicherweise auf diese Weise in Lebensgefahr zu begeben. Was tun? Absperrung wie die bei Hinterweidental sind grundsätzlich nicht nur legal, sie sind zwingend. Denn derjenige, der eine besondere Gefahrenlage schafft (hier: der Waldeigentümer* bzw. die von ihm beauftragten Waldarbeiter*), muss dafür sorgen, dass anderen kein Schaden entsteht (Vorsorge- und Verkehrssicherungspflicht).

Ein absolutes Betretungsverbot herrscht:
- bei Forstkulturen (Pflanzung junger Waldbäume);
- bei Dickungen (die Pflanzen berühren sich);
- bei Saatbeeten und Pflanzgärten;
- bei ordnungsgemäß gesperrt gekennzeichneten Flächen und Wegen (Flatterband, Schilder);
- bei forstwirtschaftlichen, jagdlichen, imkerlichen und teichwirtschaftli chen Einrichtungen;
- bei ausgeschilderte Reitwegen;
- überall dort, wo Holz eingeschlagen oder aufbereitet wird (auch auf den Waldwegen);
- wenn der Wald mit behördlicher Genehmigung gesperrt wurde.

Wann dürfen Sie die gesperrten Waldwege wieder betreten? Sobald das Sperr- oder Flatterband oder entsprechende Sperrschilder vom zuständigen Forstpersonal entfernt oder bei Sperrung durch vor Ort persönlich arbeitendes Fachpersonal die Wege oder Flächen wieder freigegeben wurden (LFoG § 3 Abs. b, c). Allerdings stellte sich im konkreten Fall die Frage, ob die Sperrung rechtsgültig war, da sie über keine Zeitangabe verfügte. Ich habe sie jedenfalls ignoriert, da ich auf die Schnelle keine erfolgreiche forstpolizeiliche Entfernung bei der zuständigen Forstbehörde beantragen konnte.

„*Vorsicht. Eichenprozessionsspinner.*
Betreten und Befahren auf eigene Gefahr."
Fundort: Elberadweg an der mittleren Elbe.

Eichenprozessionsspinner

Der Klimawandel ist auch im Schilderwald angekommen, seit der wärmeliebende Eichenprozessionsspinner in Europa auf dem Vormarsch ist. Bevorzugte Opfer des ESP: Waldarbeiter*nnen und Outdoorfreund*innen. Bereits bei leichter Berührung fallen die Brennhare ab und können mit dem Wind über weite Strecken transportiert werden. Ältere Raupen tragen bis zu einer halben Million. Die Folge: insektenstichähnliche Knötchen, Rötungen, Atembeschwerden - bis hin zum anaphylaktischem Schock.

Verantwortlich für die Überwachungs-, Vorsorge- und Bekämpfungsmaßnahmen bei Befall sind die Eigentümer oder anderen Verfügungsberechtigten der Grundstücke, auf denen die mit dem Eichenprozessionsspinner befallenen Bäume stehen. Besteht die Möglichkeit einer Gesundheitsgefährdung von Personen, so haben sie - im Rahmen der ihnen obliegenden Verkehrssicherungspflicht - auf eigene Kosten geeignete Gefahrenabwehrmaßnahmen zu treffen. Vor allem müssen sie die Waldbesucher vor der Gefahr warnen, damit sie sich darauf einstellen können. Dass dies im vorliegenden Fall „nur" mittels eines laminierten Schildes erfolgt, ist völlig in Ordnung (vgl. Hentschel, Straßenverkehrsordnung, 2 StVO, § 39, RN 37).

Die andere Frage ist, was zur Beseitigung der Gefahr im Rahmen der Verkehrssicherungspflicht erforderlich ist. Die Gefahr, dass sich Eichenprozessionsspinner, in Bäumen niederlassen, ist keine von dem Baum ausgehende Gefahr. Daher ist die Beseitigung eines Baumes zur Gefahrenabwehr grundsätzlich nicht erforderlich und zudem oftmals rechtlich unzulässig.

Sofern nicht im Privatbesitz, veranlassen Forsteinrichtungen (siehe entsprechende Landeswaldgesetze) und Feuerwehr die erforderlichen Schutzmaßnahmen und führen die Bekämpfung durch: Die befallenen Bäume werden zur Abtötung der Eigelege abhängig von der Jahreszeit und damit der Entwicklungsphase der Eichen-Prozessionsspinner mit Insektiziden besprüht, die Nester unter entsprechenden Schutzkautelen wie Atemschutz und Schutzanzügen abgetragen und abgeflammt.

Kommt jemand durch den Eichenprozessionsspinnerbefall zu Schaden, gelten die Regeln bei Verstoß gegen die Verkehrssicherungspflicht.

**Infotafel mit Verhaltenshinweisen
und Naturkunde-Infos für Bootswanderer.**
Fundort: Ein- und Ausstiegsstelle in Dietkirchen an der Lahn.

Ein- und Ausstiegsstelle beim Bootswandern

Alle wollen raus. Flüsse und Seen eignen sich hervorragend für die kleine Auszeit vom stressigen Alltag. Beim Kanuwandern wird hauptsächlich auf ruhigen Gewässern gefahren. Die Lahn ist eines davon sehr beliebt bei bei Familien und Anfängern. Auch Feierwütige schätzen den langsam fliesenden Fluß. Anders als beim Führen eines größeren Motorbootes darf jeder Wassersportbegeisterte sich ein Kanu besorgen und dieses auch führen. Das hat Folgen. Über 300.000 Wassersportbegeisterte sind in der Saison auf der Lahn. Tendenz steigend. Daher wurde der Zugang zum Fluß schon vor vielen Jahren aus Naturschutzgründen beschränkt. Wo ich noch vor zwanzig Jahren an jeder Sandbank zum Picknick anlanden konnte, ist dies heute verboten. An Land gehen – beziehungsweise das Boot in den Fluss bringen – ist am Lahnufer und vielen anderen Flüssen nur noch an besonders gekennzeichneten Stellen – wie hier in Dietkirchen – erlaubt (§ 3 der Verordnung über das Landschaftsschutzgebiet *„Auenverbund Lahn-Dill"* vom 06.12.1996).
Weitere Ge- und Verbote am Beispiel der Lahn: Bei Pegelständen ab 3,60 m in Leun (km 26) oder Kalkofen (km 106,7) wird das Befahren wasserpolizeilich untersagt. Um seine Wasserwanderung zu planen, solltenSie sich vorab genau informieren, welche Gewässer für sie befahrbar sind. Allgemeine Schutzmaßnahmen, beispielsweise in Bezug auf das Brutverhalten von Wasservögeln, können eine Rolle spielen.
Auf der Lahn besteht nur für muskelkraftbetriebene Boote der professionellen Vermieter/Reiseveranstalter eine Kennzeichnungspflicht. Für Kanuten mit eigenem Boot besteht diese Pflicht nicht.
Beim Befahren der deutschen Bundeswasserstraßen sind noch mehr Vorschriften zu beachten: etwa die Binnenschifffahrtsstraßen-Ordnung bzw. Seeschifffahrtsstraßen-Ordnung oder spezielle Regelungen bei Rhein, Mosel, Donau oder Hamburger Hafen. Freies Kampieren für Kanuten ist an der Lahn schon lange nicht mehr erlaubt - jedoch für eine Nacht in Brandenburg, Mecklenburg-Vorpommern und Schleswig-Holstein.

„Vorsicht Lebensgefahr! Tieffliegende Luftfahrzeug(e) kreuzen den Weg. Nicht in der Einflugschneise stehenbleiben!"
Fundort: Internationaler Nordseeküsten-Radweg bei Harlesiel.

Flugplätze

Landende oder startende Flugzeuge können bei Seitenwind abkommen. Ausweichen? Impossible! So eine ultrarobuste Cesna Skyhawk wiegt mehr als eine Tonne. Selbst mit ausgefahrenen Klappen hat sie immer noch die Höchstgeschwindigkeit für LKW auf Autobahnen. Gimmick: Die scharfkantigen Blätter des Propellors rotieren mit mindestens 800 Umdrehungen pro Minute. Bei Vollgas sind es 2240. So etwas hält man sich auch ohne freundlichen Hinweis auf Distanz.
Wenn man kann. Östlich von Harlesiel kommen RadlerInnen der Piste näher, als ihnen lieb sein kann. Der Flugverkehr auf dem Verkehrslandeplatz ist jedoch überschaubar. Er verbindet die ostfriesischen Inseln mit dem Festland. In Abgrenzung zu einem Segelflugplatz dürfen auf Verkehrslandeplätzen auch motorgetriebene Luftfahrzeuge operieren. Rund um Verkehrslandeplätzen geht es etwas lockerer zu als auf Flughäfen. Dennoch: Unbefugte sowie nicht am Flugbetrieb beteiligte Personen dürfen die Flugbetriebsflächen nicht betreten. Zuwiderhandlungen gegen luftrechtliche Bestimmungen können, soweit sie nicht mit Strafe bedroht sind, nach § 58 LuftVG als Ordnungswidrigkeit geahndet werden. Wer auf der Start- und Landebahn herumspaziert wie jene Frau, die ihren Dackel „auf der Wiese" ausführte und den landenden Piloten in Lebensgefahr brachte, kann wegen gefährlichen Eingriffs in den Luftverkehr gemäß § 315 StGB bestraft werden. Auf Freiheitsstrafe nicht unter einem Jahr ist zu erkennen, wenn durch die Tat eine schwere Gesundheitsschädigung eines anderen Menschen oder eine Gesundheitsschädigung einer großen Zahl von Menschen verursacht wird (Absatz 3). Woran erkennt man, dass die Wiese eine Landebahn ist? Die Luftverkehrs-Zulassungs-Ordnung schreibt in § 46 (Sicherung von Flughäfen) vor, dass das Flughafenunternehmen den Flughafen so einzufrieden hat, dass das Betreten durch Unbefugte verhindert wird. Die Schilder sollen entlang der Grenze der nicht allgemein zugänglichen Teile des sein.
Beschriftung: „*Flugplatz. Betreten durch Unbefugte verboten.*"

„Vorsicht! Freilaufender Bulle. Lebensgefahr!
Landwirtschaftliche Berufsgenossenschaft"
Fundstelle: Rennsteig südöstlich von Hörschel.

Freilaufender Bulle

Freilaufenden Bullen sollte man aus dem Weg gehen. Sie wiegen soviel wie Autos vor der SUV-Epidemie – eine Tonne. Kühe wiegen nur die Hälfte. Auch das reicht für schwere Schäden. Im Durchschnitt bringt der deutsche Mann 89 Kilogramm auf die Wage. Frauen weniger. Das reicht nicht ganz, um es mit den Graßfressern aufzunehmen.

2014 wurde eine Wanderin im Tiroler Stubaital von einer Kuhherde zu Tode getrampelt. Da der Landwirt nach Auffassung des Insbrucker Zivilgerichts nur unzureichend vor den Gefahren seiner Kuhherde warnte, muss er an die Hinterbliebenen nun Schadensersatz leisten (Urt. v. 20.02.2019, Az. 1 Jv 924-24/19x). *„An einem neuralgischen Punkt wie dem Unfallort sind Abzäunungen zum Schutz des höchsten Gutes, des menschlichen Lebens, notwendig und aufgrund des geringen Aufwandes auch zumutbar"*, argumentierte das Gericht. Zwar hätte die verunglückte Frau, die ihren Hund ausführte, wissen müssen, dass Kühe unter Umständen aggressiv auf Hunde reagieren können. *„Die Wahrscheinlichkeit eines unmittelbaren Angriffes war aufgrund des sonstigen Verhaltens der Verunfallten aber sehr gering"*, so das Innsbrucker Gericht.

„Derjenige, der eine Gefahrenquelle schafft oder unterhält, hat die Pflicht, die notwendigen und zumutbaren Vorkehrungen zu treffen, um Schäden anderer zu verhindern." Dies ist die Definition des Begriffs Verkehrssicherungspflicht nach ständiger Rechtsprechung des Bundesgerichtshofes. Sie ist komplizierter, als sie zunächst erscheint. Für Unfälle von Wanderern mit Kühen gilt sie ebenso, wie für Wanderunfälle in der freien Natur.

Mit Beginn der Saison 2019 liegen nun – zumindest in Österreich - Leitlinien für Wanderfreund*innen vor. Etwa wie viele Meter Abstand sie halten sollen und wie Hunde auf Almen und Weiden richtig mitgeführt werden. Wer sich nicht an den Verhaltenskodex halte, für den habe das im Schadensfall rechtliche Konsequenzen, sagte Kanzler Sebastian Kurz. Waren die Österreicher schon immer so drauf? Oder ist uns das bisher nicht aufgefallen, weil wir als Deutsche schon immer vorschriftenverliebt sind?

„Nutria. Füttern verboten. Die Ortsgemeinde"
Fundort: Klingenmüster an der südlichen Weinstraße.

Fütterungsverbote Wildtiere

„Der ist zahm." Während meiner Oldtimer-Tour rund um Deutschland übernachtete ich an einem idyllischen Teich im Pfälzer Wald. Ein SUV fuhr in der Dämmerung vor. Ihm entstieg ein Rentnerpaar, im Schlepptau einen prall gefüllten Sack mit Brotresten. Sofort war Bewegung im Wasser. *„Der wartet schon!"* Bei *„dem"* handelte sich um ein Nutria - auch Biberratte oder seltener Sumpfbiber, Schweifbiber, Schweifratte oder Coypu genannt. Die ursprüngliche Heimat der fast zehn Kilo schweren Tiere liegt zwischen Brasilien und Feuerland. Nach Mitteleuropa wurden sie der Pelze wegen verschleppt.

Wildtiere zu füttern ist keine gute Idee. Die Gründe (am Beispiel von Ente und Co.) prägnant zusammengefasst hat die Stadtverwaltung Wehr am Hochrhein:

„Die Vögel können ihr eigenes Futter finden. Es gibt am Rhein genug davon. Die Tiere sollen auch ihr eigenes Futter finden. Das ist viel gesünder als das, was wir ihnen anbieten können. Zugefütterte Nahrung schadet ihnen auf Dauer. Füttern gewöhnt sie zu sehr an Menschen. Sie verlernen ihr natürliches Verhalten. Zum Beispiel verlernen Sie, gefährliche Situationen zu vermeiden. Das Füttern lockt sehr viele Tiere an: Sie streiten untereinander um Futter und Nistplätze. Die hohe Anzahl von Tieren auf engem Raum begünstigt die Ausbreitung von Krankheiten. Das Füttern stört das natürliche Gleichgewicht eines Ökosystems. Aus Respekt für die Natur und die Wildtiere: Bitte füttern Sie nicht!"

PS: Das Füttern von Wasservögeln ist daher gemäß § 12 der Polizeiverordnung der Stadt Wehr verboten und kann mit Bußgeld geahndet werden.

Das Füttern von Wildtieren wird im § 28 des Bundesjagdgesetzes erwähnt. Dort heißt es: *„Die Länder können die Fütterung von Wild untersagen oder von einer Genehmigung abhängig machen."* In den meisten Bundesländern ist es nur in Notzeiten gestattet, Wildtiere zu füttern. Allerdings: Das dürfen nur Jäger oder Förster! Spaziergängern ist die Wildtierfütterung generell untersagt. Bei Verstößen können nach den Landesjagdgesetzen bis zu 25.000 EUR Geldbuße verhängt werden.

„Kurstrand – gebührenpflichtig. Eingang Hundestrand. Bitte nur mit OstseeCard oder Tagesstrandkarte, die Sie auch bei Ihrem Strandkorbvermieter erhalten."

Fundstelle: Hohwacht an der Ostsee.

Gebührenpflichtiger Strand

Strandtageskarte? Billete de un día de playa? Auf Mallorca und dem Rest von Spanien gilt, dass ein Streifen von hundert Metern für die Öffentlichkeit frei zugänglich sein muss. Das *Ley de Costas* vom 28. Juli 1988 regelt die Nutzung des öffentliche Eigentums an den Meeres- und insbesondere Küstenlandschaften Spaniens. Die kostenfreie Nutzung beinhaltet Standwanderungen und auch das Verbleiben zum Sonnenbaden und Baden. Überall sonst auf der Welt ist der Strand selbstverständliches Allgemeingut. Nachvollziehbar daher der Unmut von Urlaubern über Strandkassierer, Kassenhäuschen und Ticketautomaten an Nord- und Ostsee. Denn: Wer ohne Zahlungsnachweis von einem Beauftragten der Kommune erwischt wird, muss nicht nur mit Nachzahlung, sondern auch mit einem deftigen Aufschlag rechnen.

Über die Zulässigkeit von Strandgebühren – gerne auch Kurtaxe genannt - wurde heftig gestritten. Inzwischen darf der Fall als geklärt gelten. Eigentlich. Das Bundesverwaltungsgericht urteilte im September 2017, dass jeder Deutsche ein Recht darauf hat, die Strände des Landes zu Erholungszwecken frei zu betreten (Az 10 C 7.16). Ein Sieg für Janto Just aus Wangerland.

Nach dem BVerwG dürfen Kommunen allenfalls an einzelnen Strandabschnitten ein Entgelt erheben, wenn dort eine entsprechende Badeinfrastruktur (nicht nur ein paar Abfallbehälter und ein Klocontainer) vorgehalten wird. Die Gebührenerhebung widerspreche §59 BNatSchG: *"Das Betreten der freien Landschaft auf Straßen und Wegen sowie auf ungenutzten Grundflächen zum Zweck der Erholung ist allen gestattet (allgemeiner Grundsatz)"*. Jörn Klimant, Vorsitzender des Tourismusverbandes Schleswig-Holstein sah nach Durchsicht der 28-seitigen Urteilsbegründung *„grundsätzlich keinen Handlungsbedarf"*. Und die Tourismusdirektorin des größten Sandstandes in Schleswig-Holstein sagte im Februar 2018 (so schrieb es die WELT): *„Wir erheben in Sankt Peter-Ording keinen Strandeintritt, sondern eine Kurabgabe!"* Dazu Janto Just *„Ein Strand ist keine Kureinrichtung. Ich werde auf jeden Fall dagegen klagen!"*

Zeichen 101 „allgemeine Gefahrenstelle" gemäß Anlage 1 zu § 40
Absatz 6 StVO mit Zusatzzeichen „*Fliegende Golfbälle*".
Fundstelle: Golfplatz am Bodensee-Königssee-Radweg Nähe Tegernsee.

Golfbälle, fliegende

Der Rekord liegt zurzeit bei 339,56 Kilometer pro Stunde. Kein Golfer-latein. Natürlich nur direkt nach dem Abschlag. Am 7. Oktober 2010 wurde ein Golfer beim Golfspiel auf einem dem Platz in den USA von einem Ball getroffen und mit Kopf- und Genickschmerzen in eine Klinik eingeliefert. Dort erlag er seinen Verletzungen. Kein Einzelfall. Jährlich kommen 4500 Menschen auf Golfplätzen ums Leben. Golf gehört damit zu den Top Ten der risikoreichsten Sportarten. Zugegeben: Die meisten Todesfälle sind alters- oder wetterbedingt. Herzinfarkt und Blitzeinschlag. Wie schützt man sich vor fliegenden Golfbällen? Sie fliegen über zweihundert Meter weit. Eben. Mit einem sehr guten Schutzhelm. Das wäre denn auch das einzig wirklich sinnvolle Schild in diesem Schilderwald am Tegernsee. Dass der Golfplatz vor seinen Golfern respektive ihren Golfbällen warnt, ist immerhin ein Anfang. Gemeint ist wohl eher, dass man die Gesamtsituation im Auge behalten sollte. Für den Fall, dass der Golfer es pflichtwidrig nicht tut. Dann ist er zwar zum Schadensersatz verpflichtet und macht sich zudem strafbar (gefährliche Körperverletzung, fahrlässige Körperverletzung .. bis hin zum Totschlag. Merke jedoch: Recht haben hilft in der Notaufnahme nicht weiter. Eher schon stellt sich die Frage, ob die Wegeführung überhaupt zulässig war.

Ein Zusatzzeichen („*fliegende Golfbälle*") konkretisiert die Bedeutung eines Verkehrszeichens („*Achtung!*") mit dem es gemeinsam aufgestellt ist. Golfplätze sind Privatgelände. Ihr Betreten ist nur mit Erlaubnis des Eigentümers erlaubt. Der Bodensee-Königssee-Radweg wird durch einen Golfplatz geführt. Hier muss sich der Radler den ortsüblichen Gefahren – wie die Golfer auch – bewusst sein. Wenn doch was passiert gelten die gleichen Regeln wie für Golfer: Ist jemand sehenden Auges in die Flugbahn hineingefahren und hat sich nicht vergewissert, dass keine Gefahr droht, kann er auch nicht klagen. Es sei denn, er kann nachweisen, dass der Golfer unachtsam handelte. Also: Augen auf!

„Anordnung des Staatlichen Forstamtes Radolfzell: Jegliche
Benutzung der Grillstelle sowie des Parkplatzes ist nach § 38 des
Landeswaldgesetzes in der Zeit von 23 bis 6 Uhr untersagt.
Zuwiderhandlungen werden als Ordnungswidrigkeit mit einem
Bußgeld bis zu 5.000 DM geahndet (83.3 LWaldG)"
Fundort: Waldrand in der Gemarkung Radolfzell am Bodensee.

Grillstelle und offenes Feuer

Es sollte eine gemütliche Sylvesterparty werden. Es wurde eine teure. Mehrere Hunderttausend Euro kostete alleine der Einsatz der Rettungskräfte. Münchener Bergtouristen verursachten zum Jahreswechsel 2016/17 am Jochberg in den Bayerischen Voralpen einen Großbrand, der Teile des Schutzwaldes vernichtete.

Nicht ohne Grund ist offenes Feuer im Wald verboten. Dies gilt natürlich nicht für ausgewiesene Grillstellen, oft von der Kommune oder Vereinen betrieben. Nicht wenige haben eine Benutzungsordnung. Oft wird diese durch Unterschrift unter die Anmeldung beziehungsweise den Mietvertrag anerkannt. In der Regel ist darin die kommerzielle Nutzung nicht gestattet, ebensowenig die weitere Untervermietung.

Vor allem wenn sie im Wald oder am Waldrand liegt, ist die Benutzung zeitlich beschränkt. Auch die Tiere des Waldes brauchen ihren Schlaf — und die Nachtaktiven wie Fledermäuse Ruhe bei der Jagd. Daher sind Veranstaltungen, bei denen Übernachtungen abzusehen sind, nicht genehmigungsfähig und Übernachtungen selbst verboten. Die Benutzer der Grillstelle haben dafür zu sorgen, dass sowohl die Bewohner der angrenzenden Wohngebiete als auch die Jagdpächter durch den Lärm nicht belästigt werden.

Bei so vielen Beschränkungen nehmen einige die Ortswahl lieber selbst in die Hand. Wo darf ich Lagerfeuer anzünden und Grillen?

Lagerfeuer, Grillfeuer und auch Campingkocher gelten als offenes Feuer. Ihr Betrieb ist im Abstand von hundert Metern zum Waldrand verboten - und im Wald sowieso. Dies gilt auch für offenes Licht. Auch an vielen Stränden der Nord- und Ostsee ist das romantische Lagerfeuer ausdrücklich untersagt. Delikte im Zusammenhang mit Feuer (z.B. § 306d StGB fahrlässige Brandstiftung) ziehen oft hohe Strafen und Schadensersatzansprüche nach sich. Und im Fall eines mehrtägigen Großeinsatzes mit Hunderten von Feuerwehrleuten und diversen Löschfahrzeugen dürften bei Otto Normalbürger die Ersparnisse zur Begleichung der fälligen Gebührenrechnung nicht mehr ausreichen.

„eBike Ladestation. Hier tankt Ihr Rad auf!
Das Passauer Land bietet Ihnen mit dem Strom aus erneuerbaren
Energien die Möglichkeit, einfach, schnell und günstig
umweltfreundlich Energie zu tanken ..."
Fundort: Ladestation mit Fahrradgaragen am Sporthafen Vilshofen/Donau.

Ladestation und Energiediebstahl

Wer große Strecken mit dem Pedelec oder Elektrofahrrad zurücklegen möchte, der muss aufpassen, dass ihm dabei nicht der Saft ausgeht. Immer mehr E-Bike Ladestationen haben daher ihren Platz bei Restaurants, Museen, Rathäusern und touristischen Orten gefunden. So weit, so gut. Was aber ist mit den übrigen Energiefressern? Unsere Welt hängt zunehmend am Draht. Wer unterwegs sein Handy aufladen möchte, muss meist kreativ werden. Ihr Akku ist wieder einmal leer und es ist keine Steckdose in Sicht?

Wer Stromleitungen unbefugt anzapft, macht sich strafbar. Anders liegt der Fall nur bei "Publikums-Steckdosen", die eigens für die Nutzung durch die Allgemeinheit bereitgestellt werden - zum Beispiel an Laptop-Arbeitsplätzen im Zug. Oder eben die öffentlichen und kostenfreien eBike-Ladestationen.

Schwieriger ist der Fall auf dem fremden Campingplatz oder im Café am Radweg. Wenn sich die Verantwortlichen nicht ausdrücklich dagegen aussprechen, könnte man von einem „sozial adäquaten" Verhalten ausgehen. So wird es für das Aufladen des privaten private Handy im Fitnessstudio oder im Büro vertreten. Rechtssicherheit in Form höchstrichterlicher Urteile gibt es -noch - nicht. Daher gilt: Fragen koste nichts und bringt Klarheit. Aber auch: Wer dumme Fragen stellt, der bekommt dumme Antworten.

Geschieht der (versuchte) Stromklau absichtlich im Wissen, dass die Nutzung einer Steckdose an dieser Stelle nicht erlaubt ist, kann das mit einer Geld- oder Freiheitsstrafe von bis zu fünf Jahren enden. Denn wer Stromleitungen unbefugt anzapft, macht sich strafbar. So wie die drei Jugendlichen, die Ense 2018 in Mainz auf den Balkon eines fremden Hauses geklettert sind, um ihre leeren Handys aufzuladen. Neben Hausfriedensbruch war dies wegen *Entziehung elektrischer Energie* (§ 248c StGB) strafbar. Die Tat wird nur verfolgt, wenn der Geschädigte einen Strafantrag stellt.

„*Das Lagern in den Grünflächen ist nicht gestattet.*
Stadt Überlingen Ordnungsamt"
Fundort: Überlingen am Bodensee.

Lagern

Die Cleveren unter den Outdoorsüchtigen bezeichnen ihre Übernachtungen ohne „Zelt" abseits der Campingplätze gerne als sogenanntes Lagern. „Lagern" bedeutet einfach rasten oder „Pause machen". Das ist selbstverständlich erlaubt. Es sei denn, es ist ausnahmsweise ausdrücklich verboten. Verboten ist es vor allem auf Privatgelände – wenn man nicht vorher fragt. Der Übergang zwischen *campen* und *lagern* ist fließend. Daher ist es eine Frage der konkreten Umstände des Einzelfalles. Wenn alles eindeutig und einfach wäre, dann wären Anwält*innen arbeitslos.

Lagern kann man auch mit einem Biwaksack oder einem Schirm als Ersatz für das Zelt. Auch ein Tarp, Poncho oder nur ein Schlafsack/Isomatte sind möglich. Urteile? Fehlanzeige. Es handelt sich um einen der wenigen Lebenssachverhalte, der von den Gerichten noch nicht einmal im Ansatz durchleuchtet wurde.

Zelt gehört zu den Begriffen, von denen jeder glaubt, sie eindeutig zuordnen zu können. Betrachtet man ihn näher, trifft man auf erhebliche Unschärfen. Der Brockhaus stellt fest: „*Zelt ist ein germanischer Wortbegriff und wird für aus Leinwand, Fellen oder anderen Stoffen mit Hilfe von Stangen und sonstigen Befestigungsmitteln hergestellte Notunterkunft verwendet. Die Formen sind dabei sehr verschieden.*" So wird von manchem Ordnungspolizisten der unter AnglerInnen beliebte CarpDome, den ich dem Lagern zurechne, zum Zelt. Und dies, obwohl er nicht mehr als ein überdimensionierter Regenschirm mit Vorhang ist. Vor den Augen eines strengen Ordnungshüters kann sich alles zum Zelt entwickeln. In der Regel ist das Biwakieren vom Verbot des Kampierens ausgenommen. Es handelt sich dabei aber um eine rechtliche Grauzone. Wird man erwischt oder angesprochen sollte man auf der sicheren Seite bleiben und sich glaubwürdig „herausreden", dass man nur Vögel beobachtet oder den Sonnenuntergang genießt. Nicht zu empfehlen ist es über mehrere Tage am selben Ort zu „lagern" und/oder Müll zu hinterlassen sowie Schaden (Lagerfeuer) anzurichten.

LSG-Adler in Bayern (in der ersten Ausführung - nach 1954) mit Zusatzzeichen *"Camping – Lagern u. Zelten ist verboten!"*
Fundort: Irgendwo im Nirgendwo in Bayern.

Landschaftsschutzgebiet

An der Baustelle der neuen Moselbrücke bei Zeltingen-Rachtig entdeckte ich 2017 auf meiner Wanderung von Wetzlar zur französischen Grenze ein Schild, das Camping wegen Landschaftsschutz verbietet – wenige Meter von den Brückenpfeilern entfernt. Landschaftsschutzgebiete können ausgewiesen werden, um das Landschaftsbild für Tourismus und Erholung zu erhalten. Die neue Brücke fördert nicht zwingend den Tourismus im Moseltal.

Landschaftsschutzgebiete gehören in Deutschland zu den Möglichkeiten des gebietsbezogenen Naturschutzes, den das Bundesnaturschutzgesetz (BNatSchG) bereitstellt. Landschaftsschutz unterliegt dem Landesrecht. Kriterien für die Einrichtung von Schutzgebieten finden sich in § 26 Abs. 1 BNatSchG. Einzelheiten der Schutzgebietsausweisung sowie die dafür zuständigen Behörden bestimmen in Deutschland die Bundesländer.

Landschaftsschutzgebiete werden durch Rechtsverordnung der Länder ausgewiesen. Diese bestimmen die genaue Ausdehnung und den besonderen Schutzzweck. Sie regeln, welche Handlungen im Einzelnen zulässig oder verboten sind. Ist eine Bebauung beabsichtigt, kann das Landschaftsschutzgebiet allerdings aufgehoben werden. Für die Aufhebung gelten im Prinzip dieselben Regeln wie für die Ausweisung.

In der Bundesrepublik Deutschland gab es Ende 2008 nach Zahlen des Bundesamts für Naturschutz 7203 Landschaftsschutzgebiete mit einer Gesamtfläche von 9,9 Millionen Hektar. Dies entspricht etwa 28 % der Fläche Deutschlands. In Landschaftsschutzgebieten bestehen in der Regel nur geringe Auflagen für die land- oder forstwirtschaftliche Bodennutzung. Verboten sind insbesondere alle Handlungen, die den „Charakter" des Gebiets verändern. So kann der Umbruch einer Wiese zur Gewinnung von Ackerland untersagt werden, wenn das Gebiet von Grünland geprägt ist. Besondere Auflagen für die Nutzung der Wiese (z. B. Düngeverbote) sind hingegen in Landschaftsschutzgebieten üblicherweise nicht vorgesehen.

„Hunde sind an der Leine zu führen.
§ 7 RVO Hain- und Vorderwald vom 16.7.1987"
Fundort: Stadtwald Hain am Schloss Oranienstein in Diez.

Leinenzwang

„Mein Bello ist ganz lieb, der will nur spielen." Sechs Rehe und zwei Hirschkälber sind nach Meldung des Bayerischen Rundfunks von Januar bis Mitte Februar 2019 alleine zwischen Oberammergau und Bad Kohlgrub von frei laufenden Hunden schwer verletzt oder getötet wurden. *„Jeder Hund hat Jagdtrieb!"* Unter HundebesitzerInnen sollte dies Grundwissen sein. Selbst Hunde, die nicht wildern, werden von Wildtieren und ihrem Nachwuchs als Störung und lebensbedrohliche Gefahr angesehen. Vertreibt ein stöbernder Hund einen brütenden Vogel, so kann das Gelege auskühlen. Schnuppert er an einem Jungtier, kann es passieren, dass die erwachsenen Tiere ihren Nachwuchs verstoßen. Daher müssen Hunde einer stetigen Aufsicht unterliegen. Die Größe spielt dabei keine Rolle.

Wer als Hundehalter gegen den Leinenzwang verstößt, begeht eine Ordnungswidrigkeit. Hessen hält sich an die gängigen Empfehlungen des Bußgeldkatalogs. Der sieht Geldbußen gegen die Auflagen des Leinenzwangs von bis zu 50.000 EUR vor. Das ist jedoch erst bei mehrmaligen Verstößen und extrem gefährlichen Situationen denkbar. Dann erfolgt meist auch eine Strafanzeige und bei Verurteilung über eine Geldstrafe. Bei einem Hundebiss kommt noch Schmerzensgeld hinzu. In Deutschland erleiden jährlich mehrere tausend Einwohner Bisswunden von Hunden. Läuft ein Hund unbeaufsichtigt im Wald oder auf Feldern herum, stöbert ein Hund Wild nach, hetzt oder reißt er die Tiere, so liegt eine Ordnungswidrigkeit nach dem Landesjagdgesetz vor. Hier wird durch die zuständige Behörde ein Bußgeld verhängt. Im Wiederholungsfall oder wenn der Hundeführer mit Vorsatz handelt, kann es sich sogar um eine Straftat handeln. Für solche Fälle sieht der § 292 StGB eine Freiheitsstrafe bis zu drei Jahren oder eine Geldstrafe vor. Werden Wildtiere verletzt oder gar getötet, ergibt sich eine Schadenersatzpflicht für den Besitzer des Hundes gegenüber dem Jagdpächter. Diese Summen können schnell ein vierstelliges Ausmaß erreichen. Sollte es wiederholt zu Bußgeldern und Vorfällen kommen, steht es dem entsprechenden Bezirk frei, Bello einzuziehen.

Piktogramm „Wanderer" mit Linkspfeil.
„Wanderer links gehen. Hikers go left."
Fundort: Brockenstraße auf dem Brockenplateau.

Linksgehgebot für Wanderer

Der einsame Wanderer in der Wüste geht im Kreis. Warum ist das so? Die meisten Menschen sind nicht nur Rechtshänder, sondern auch Rechtsfüßler. Sie schreiten mit dem rechten Bein kräftiger aus. Das führt auf mittlere Sicht zu einer Linkskurve.

In der Wüste unserer Stadtlandschaften hat er die Wahl. Sie endet jedoch am Ortsschild. Wer außerhalb geschlossener Ortschaften unterwegs ist, muss die linke Straßenseite benutzen. So sieht es § 25 der Straßenverkehrsordnung vor. Der Grund ist ein schlichter: Der Fußgänger sieht so der Gefahr ins Auge und hat sie nicht im Rücken. Doch es gibt keine Regel ohne Ausnahmen. Ist der linke Straßenbahnrand durch Schnee und Eis unpassierbar, darf man auf die andere Seite wechseln. Das gleiche gilt bei unübersichtlichen Kurven. Am Kaiserstuhl hat mich einst nur ein ziemlich großer Schutzengel vor dem vorzeitigen Ableben gerettet. Denn eines hat der Fußgänger/Wanderer immer zu beachten: dass Kraftfahrzeuge auf Fahrbahnen Vorrang vor Fußgängern haben. Und das wissen die FahrerInnen. Es ist ihr Grundgesetz der Straße. Allerdings dürfen sich AutofahrerInnen nicht rücksichtslos verhalten. Der Fahrzeugverkehr hat immer auf Fußgänger zu achten, die, aus welchen Gründen auch immer, auf der Fahrbahn gehen. Dies geht aus dem Urteil des Bundesgerichtshofs vom Februar 1999 (Az.: VI ZR 76/98) hervor. Dennoch muss man damit rechnen, von unfreundlichen Zeitgenossen angehupt zu werden.

Das größte Ärgernis für den Fahrzeugführer ist allerdings der Fußgänger, der SEINE Fahrbahn quert. Dazu regelt § 25 Absatz 3 StVO: *„Fußgänger haben Fahrbahnen unter Beachtung des Fahrzeugverkehrs zügig auf dem kürzesten Weg quer zur Fahrtrichtung zu überschreiten ...“ Wird die Fahrbahn an Kreuzungen oder Einmündungen überschritten, so sind dort angebrachte Fußgängerüberwege oder Markierungen an Lichtzeichenanlagen stets zu benutzen.“Am sogenannten Zebrastreifen* haben Fußgänger Vorrang. Das gilt bereits, wenn sie auf dem Bürgersteig in Richtung gehen. Bei Zuwiderhandlung des Fahrzeugführers droht ein Bußgeld von 80 Euro.

„Nationalpark Harz. Willkommen in der sagenumwobenen
Bergwildnis ... Hier hat die Natur Vorrang, sie bleibt sich selbst
überlassen. Achten Sie bei Ihrer Wanderung im Nationalpark
Harz selbst auf Ihre Sicherheit, besonders bei Wind, Frost und
hohen Schneelagen. ..
Das Betreten des Nationalparks geschieht auf eigene Gefahr. ...
Ihre Nationalparkverwaltung Harz."
Fundort: Nationalpark Harz.

Nationalpark

Am 1. März 1872 schrieb US-Präsident Ulysses S. Grant - ohne es zu ahnen - mit seiner Unterschrift Weltgeschichte. Nur siebzig Jahre zuvor war der erste Weiße in der Yellowstone-Region aufgetaucht. Seit über zehntausend Jahren jagten dort die Vorfahren der Shoshone, Blackfoot, Absarokee und Bannock. Der Trapper John Colter kehrte 1810 in die Zivilisation zurück, ohne Begeisterung zu entfachen. Dennoch wurde der sogenannte Wilde Westen besiedelt. Die Siedler verdrängten nicht nur die Indianer. Umweltschützer forderten daher ein geschütztes Gebiet für Tiere und Pflanzen. Die Berichte und Bilder der Teilnehmer der Expeditionen in die Yellowstone-Region mit ihren rund zehntausend heißen Quellen, darunter dreitausend Geysiren, beeindruckten die Parlamentarier in Washington, D.C. so sehr, dass sie 1872 ein Gesetz erließen, welches das Yellowstone-Gebiet für immer vor Goldsuchern, Siedlern und Trappern schützen sollte. Die Definition eines Nationalparks ist nicht in allen Staaten der Welt gleich. Dennoch gibt es eine gemeinsame Idee: die Erhaltung großer, nicht durch menschliche Eingriffe veränderter Naturgebiete für die Nachwelt. In Deutschland definiert das Bundesnaturschutzgesetz rahmenrechtlich die Inhalte der Schutzgebietskategorie in § 24 Bundesnaturschutzgesetz. Nationalparke werden nach § 22 Abs. 5 Bundesnaturschutzgesetz im Benehmen mit dem Bundesministerium für Umwelt, Naturschutz und Reaktorsicherheit und dem Bundesministerium für Verkehr, Bau und Wohnungswesen festgesetzt. Sie sind rechtsverbindlich festgesetzte Gebiete. Die Festsetzung erfolgt durch Landesrecht, vgl. § 22 Abs. 2 BNatSchG. Dies ist zum Beispiel in NRW in § 43 des Landesnaturschutzgesetzes geregelt. Danach kann die oberste Landschaftsbehörde nach Anhörung des zuständigen Ausschusses des Landes durch Rechtsverordnung einheitlich zu schützende Gebiete zu Nationalparken zu erklären. Ein Nationalpark bietet neben dem Naturschutz auch touristische Chancen. Primäres Ziel der Gründung des Yellowstone war *„ein öffentlicher Park oder Vergnügungspark zur Wohltat und zum Vergnügen der Menschen"*.

„ *Naturschutzgebiet 'Bannwaldsee'. Geschütztes See- und Moorgebiet. Verordnung der Regierung von Schwaben vom 25. November 1994 … § 4 der Verordnung untersagt u.a.:*
- KfZ zu fahren/ - zu Segeln und zu surfen / - außerhalb zugelassener Wege Fahrrad zu fahren / - zu lagern, zu zelten, zu campen / - im Verbotsbereich zu baden, Boot zu fahren (zur Abgrenzung siehe die Kennzeichnung in der Karte und die Bojen auf dem See) / - Flug- und Fahrmodelle aller Art zu betreiben...
Landratsamt Ostallgäu – Untere Naturschutzbehörde"
Fundort: Bannwaldsee bei Schwangau am Bodensee-Königsseee-Radweg.

Naturschutzgebiet

„Noch steht unangetastet die Neanderhöhle, ebenso sprudelt noch immer die kleine Quelle herab. Es ist dies ein kleiner, aber der schönste Theil ... In wenigen Jahren wird auch die bisher respektierte Formation der Sprengung zum Opfer fallen. Dann werden spätere Generationen nicht begreifen, ja für unglaublich halten können, wie eine gewöhnliche Kalkindustrie solche berühmten Städten zerstören konnte." (Mettmanner Zeitung 1887)

Und so kam es. Von der ursprünglichen Schönheit der Düsselklamm blieb nach dem industriellen Kalkabbau nicht viel. Erst im November 1920 wachten die BürgerInnen der Umlandgemeinden auf. Sie gründeten den Naturschutzverein Neandertal e.V. Auf dessen Initiative wurden weite Teile des Tals unter Schutz gestellt. So entstand das erste deutsche Naturschutzgebiet - ein halbes Jahr vor der Lüneburger Heide. Doch erst die Nationalsozialisten schufen umfassende gesetzliche Neuregelungen im Bereich des Natur- und Umweltschutzes. Das Reichsnaturschutzgesetz (RNG) von 1935 führte neben den Naturschutzgebieten die schwächer geschützten Landschaftsschutzgebiete ein. Ideologisch wurde der Naturschutz mit einem völkischen Heimat-Begriff, dem Bestreben nach Autarkie sowie der Blut-und-Boden-Ideologie verknüpft. Es wurde erst im Dezember 1976 vom Bundesnaturschutzgesetz abgelöst. § 23 BNatSchG definiert heute Naturschutzgebiete als *„rechtsverbindlich festgesetzte Gebiete, in denen ein besonderer Schutz von Natur und Landschaft in ihrer Ganzheit oder in einzelnen Teilen erforderlich ist 1. zur Erhaltung, Entwicklung oder Wiederherstellung von Lebensstätten, Biotopen oder Lebensgemeinschaften bestimmter wild lebender Tier- und Pflanzenarten, 2. aus wissenschaftlichen, naturgeschichtlichen oder landeskundlichen Gründen oder 3. wegen ihrer Seltenheit, besonderen Eigenart oder hervorragenden Schönheit."* Verboten sind nach Absatz zwei „alle Handlungen, die zu einer Zerstörung, Beschädigung oder Veränderung des Naturschutzgebiets oder seiner Bestandteile oder zu einer nachhaltigen Störung führen können." Näheres regeln die Bußgeldkataloge Naturschutz der Bundesländer.

*„Achtung Radfahrer! Sie befahren einen <u>privaten</u> Wirtschaftsweg.
Der landwirtschaftliche Verkehr hat Vorrang. Bitte nehmen Sie
Rücksicht! Benutzung des Weges auf eigene Gefahr."*
Fundort: Leine-Radweg nördlich von Göttingen.

Private Wirtschaftswege

Seit dem Urteil des Bundesgerichtshofes vom 18. November 1975 (Az.: VI ZR 172/74) spricht man von Feld-, Wald-, Wiesen-, Weinbergs- und sonstigen Wirtschaftswegen unabhängig von der Wegbefestigung, wenn sie überwiegend land- oder forstwirtschaftlichen Zwecken dienen und keine überörtliche Bedeutung haben.

In Baden-Württemberg sind Feldwege dem Gemeingebrauch gewidmet, jedoch nur als beschränkt öffentlicher Weg für die Bewirtschaftung der angrenzenden land- und forstwirtschaftlichen Grundstücke. Es kann als Ordnungswidrigkeit angezeigt werden, wenn ein Feldweg ohne Sondernutzungserlaubnis befahren wird. Eine gesonderte Sperrung durch Verkehrszeichen ist nicht erforderlich, da die Feldwege bereits auf Grund ihrer Widmung als beschränkt öffentlicher Weg gesperrt sind.

In NRW werden Wirtschaftswege nicht als öffentliche Straßen oder Wege gewidmet, sondern bleiben Privatwege, auch wenn sie zwischenzeitlich ins Eigentum der Stadt oder Gemeinde gelangt sind. Es wird angenommen, dass Wirtschaftswege ursprünglich (einige bei den Aufteilungen der Gemeinschaftsflächen zu Anfang des 19. Jahrhunderts) aus dem Eigentum der anliegenden Grundstücke entstanden und weiterhin für deren Nutzung bestimmt sind.

Nach einem Urteil des OLG Koblenz vom 7. April 2003 (Az.: 12 U 1829/01) sind die Anforderungen an die Verkehrssicherungspflicht für einen Feldweg deutlich geringer als für sonstige Straßen. Bei Feldwegen muss der Eigentümer keine besonderen Vorkehrungen gegen die typischen Gefahren in solchem Gelände treffen. Wegebenutzer (auch vor allem „Sekundärnutzer" wie Radfahrer, Wanderer und Reiter) müssen mit Unebenheiten, Schlaglöchern, Steinen und Baumwurzeln auf den Wegen rechnen. Warnschilder und Gefahrenzeichen müssen in der Regel nicht aufgestellt werden. In Schadensfällen aufgrund typischer Gefahren haftet der Wegeeigentümer bzw. Baulastträger nicht.

Privatsteg. Genehmigungs-Nr. 5/2005. Unbefugtes Betreten und Baden im Bereich der Landebrücke verboten!"

Fundort: Moselradweg bei Piesport.

Privatstege

Privatstege sind rar. Dennoch bereiten sie zuweilen Ärger. Das Landgericht Coburg (Urteil vom 08.04.2009, Az. 13 O 734/08) hatte einen der seltenen Fälle zu entscheiden. Nach Abweisung der Klage ging der Fall bis in die nächste Instanz, zum Oberlandesgericht im wunderschönen Bamberg. Auch dort wurde sie mit Urteil vom vom 18.09.2009 (Az. 6 U 23/09) abgewiesen.

Der Sachverhalt: Der Kläger hatte mit anderen Jugendlichen das Privatgrundstück mit dem Badesteg eigenmächtig zum Baden betreten und verunglückte auf dem maroden Steg. Er meinte, dass die Benutzung des Grundstücks und des Badestegs durch ein für jedermann erkennbar aufgestelltes Verbotsschild hätte untersagt werden müssen. Zudem sei der Badesteg aus Holz schadhaft und rutschig gewesen. Der beklagte Grundstückseigentümer verteidigte sich damit, dass er die Nutzung an dem Seegrundstück einem Dritten überlassen habe. Dieser habe auch den Badesteg errichtet.

Die Gerichtsentscheidung: Das Landgericht Coburg wies die Klage ab. Es stellte fest, dass der Grundstückseigentümer für den Steg nicht verantwortlich ist, weil er ihn gar nicht gebaut hatte. Darüber hinaus seien die Gefahren, die vom Badesteg ausgingen, für jedermann – auch für einen 13-Jährigen – erkennbar gewesen. Es sei allgemein bekannt, dass nasse Holzplanken rutschig sind. Davor müsse nicht auch noch mit einem Schild gewarnt werden. Soweit das Holz des Stegs ausgebrochen war, habe dies auch jeder sehen können.

Das Oberlandesgericht Bamberg hat die Entscheidung des Landgerichts Coburg bestätigt und die Berufung des Klägers zurückgewiesen. Es konnte sich nicht verkneifen, das Selbstverständliche festzustellen: Dass ein fremdes Grundstück nicht eigenmächtig betreten werden darf - und darauf nicht auch noch durch ein Verbotsschild hingewiesen werden muss.

PS: Für die Errichtung, den Ersatz oder wesentliche Veränderung einer Steganlage sind Genehmigungen verschiedener Behörden erforderlich.

Verkehrszeichen Nr. 250 ('Durchgang verboten') mit Aufdruck
„Privatweg. Betreten verboten"
und Zusatzzeichen *„Kein Durchgang".*
Fundort: Bauernhof neben der Wieskirche.

Privatweg: Durchgang verboten

Das Tegernseer Tal, 50 Kilometer südöstlich von München, ist eine eigene Welt. Normalsterbliche sind am *Lago di Bonzo* bestenfalls geduldet. Am 24. Mai 2014 befuhren Journalisten mit Autos ohne Erlaubnis des Eigentümers dessen Privatstraßen, um im Bereich eines - ebenfalls im Eigentum des Klägers stehenden - Berggasthofes Filmaufnahmen zu fertigen. Der Kläger verlangte danach von dem Beklagten Filmproduzenten, es zu unterlassen, dass dessen Mitarbeiter seine Privatstraßen mit Kraftfahrzeugen befahren, um über das Thema *"Konflikt im Tegernseer Tal im Zusammenhang mit der Person des Klägers"* zu berichten. Das Landgericht wies die Klage ab. Das Oberlandesgericht wies die Berufung ab. Der Bundesgerichtshof wies die Nichtzulassungsbeschwerde der Revision ab (Beschluss vom 30.06.2016, Az.: V ZR 249/15).

Was ist eine Privatstraße? Eine Straße, die einem Privateigentümer gehört. Oder: Eine Privatstraße oder ein Privatweg ist ein Verkehrsweg, der sich nicht in der Verantwortung („Baulast") der öffentlichen Hand befindet. Eigentümer ist stattdessen eine natürliche oder juristische Person. Zum Beispiel eine Waldbesitzergemeinschaft.

Es ist möglich, einen Privatweg zu sperren. Der Berechtigte kann mit einem Schild „*Privatweg: Durchgang verboten*" das Recht auf öffentliche Nutzung entsprechend einschränken. Bei Zuwiderhandlung: hat er einen eigentumsrechtlichen Unterlassungsanspruch nach § 1004 BGB.

Im konkreten Fall hat der Hofeigentümer nahe der Wieskirche im bayerischen „Pfaffenwinkel", die als UNESCO-Welterbe ein beliebtes Massentourismusziel ist, sein mangelndes Einverständnis der Nutzung durch das Schild „Kein Durchgang" unmissverständlich kundgetan. Das Eigentumsrecht sieht vor, die Nutzung einer Privatstraße durch Dritte zu untersagen. Davon gibt es jedoch Ausnahmen - um Beispiel dann, wenn ein dringendes öffentliches Interesse vorliegt, welches schwerer wiegt, als die Interessen des Eigentümers.

Aller-Radweg
Fundort: nördliches Harzvorland.

Radfernwege, Fernradwege

Flugscham? Das Abenteuer liegt vor der Haustür! Auf mehr als zwei-hundert Radfernwegen können Ehrgeizige Berge erklimmen (etwa auf dem Bodensee-Königssee-Radweg) und entspanntere RadlerInnen die Weite der Ebenen entdecken (etwa im Seenland Oder-Spree) – oder auf einem der vielen Flussradwege oft beides haben. Die Infrastruktur in Deutschland ist gut, wenn auch verbesserungsbedürftig. Verantwort-lich für den Zustand und Unterhalt der touristischen Radfernwege ist der örtlich zuständige Straßenbaulastträger. Das sind überwiegend die Kommunen, in deren Gebiet sie sich befinden. Einige wenige Radfern-wege verlaufen jedoch entlang von Bundes- oder Landes-straßen. Dort ist das Land zuständig. Bei Ortsdurchfahrten wird die Straßenbaulast häufig auf die Gemeinde übertragen.

Die Verkehrssicherungspflicht gebietet in erster Linie, die öffentlichen Verkehrsflächen möglichst gefahrlos zu gestalten und zu erhalten. Zweitens: Im Rahmen des Zumutbaren alles zu tun, um den Gefahren zu begegnen, die den Verkehrsteilnehmern aus einem nicht ordnungs-mäßigem Zustand der Verkehrsflächen drohen. Ist dies entweder nicht möglich oder (wirtschaftlich) unzumutbar, muss zumindest auf den Ge-fahrenherd aufmerksam gemacht werden. Es gibt allerdings Grenzen der Verantwortlichkeit: Niemand hat einen Rechtsanspruch darauf, dass, wann und wie der Träger der Straßenbaulast seiner Aufgabe nach-kommt. Und: Das allgemeine Lebensrisiko fährt auch auf dem Radweg mit. Die beste Radwegpflege kann es nicht ausschalten. Und schließlich: Eine Erwartung an den Sicherheitszustand der Straße kann der Ver-kehrsteilnehmer nach überwiegender Rechtsauffassung mit einer Rad-route nicht verknüpfen, da die Qualität der Wege im Verlauf eines Stre-ckenabschnittes sehr unterschiedlich und ein bestimmter Standard an die Wege des Radverkehrsnetzes bisher nicht festgeschrieben sei. Die Streckenkontrolle müsse mangels bisheriger gerichtlicher Vorgaben ent-sprechend der örtlichen Straßenkontrolle erfolgen.

Für Radwege abseits der Straßen ist der Nutzungsumfang entscheidend.

„Bodensee-Königssee-Radweg. Achtung! Auf ca. 3 km Länge schwieriger Streckenabschnitt. Radfahrer mit Gepäck bitte gegebenenfalls absteigen."

Fundort: Bodensee-Königssee-Radweg östlich von Bad Tölz.

Radweghinweis *schwieriger Streckenabschnitt*

Schwierige Streckenabschnitte? Nach Regen aufgeweichte und schlammige Radwege. Knöcheltief im Matsch. Tiefer Sand. Ausgewaschene Trampelpfade, die wie Spurrillen wirken. Sie machen das Radfahren selbst auf bekannten Radwegen wie dem Ostsee-Radweg zum Abenteuer. Betroffen sind vor allem naturbelassene Teilabschnitte wie der Abschnitt des Bodensee-Königssee-Radweges östlich von Bad Tölz. Zusätzlich ist jemand auf die Idee gekommen, eine Hangstrecke mit Rollsplitt zu „verfestigen". Selbst moderne Trekkingräder haben damit Probleme. Rund 180 der 670 Kilometer langen Teilstrecke des Ostseeküsten-Radweges zwischen Priwall und Ahlbeck auf der Insel Usedom stufte der ADFC 2017 als „schlecht" oder „sehr schlecht" ein. Auch andernorts machen gefährliche Aufbrüche und Wellen im Asphalt das vorwärtskommen nicht nur schwer sondern auch gefährlich.

Zum Umfang der Verkehrssicherungspflichten des Straßenbaulastträgers hat das OLG Jena in seinem Urteil vom 24.06.2009 (4 U 67/09) ausgeführt: *„Der verkehrssicherungspflichtige Straßenbaulastträger hat die Verkehrsteilnehmer vor den von der Straße ausgehenden Gefahren zu schützen und dementsprechend dafür zu sorgen, dass sich die Straße in einem dem regelmäßigen Verkehrsbedürfnis entsprechenden Zustand befindet. Damit ist nicht gemeint, dass die Straße praktisch völlig gefahrlos sein muss. Das ist mit zumutbaren Mitteln nicht zu erreichen und kann deshalb von dem Verkehrssicherungspflichtgen nicht verlangt werden. Grundsätzlich muss der Straßenbenutzer sich vielmehr den gegebenen Straßenverhältnissen anpassen und die Straße so hinnehmen, wie sie sich ihm erkennbar darbietet. Der Verkehrssicherungspflichtige muss in geeigneter und in objektiv zumutbarer Weise alle, aber auch nur diejenigen Gefahren ausräumen und erforderlichenfalls vor ihnen warnen, die für den Benutzer, der die erforderliche Sorgfalt walten lässt, nicht erkennbar sind und auf die er sich nicht einzurichten vermag. Ob danach eine Straße „in einem dem regelmäßigen Verkehrsbedürfnis entsprechenden Zustand" ist, entscheidet sich im Einzelnen nach der allgemeinen Verkehrsauffassung. Art und Häufigkeit der Benutzung des Verkehrsweges und seine Bedeutung sind dabei zu berücksichtigen (ständige Senatsrechtsprechung). "*

Verkehrszeichen Nr. 250 ('Durchgang verboten') mit Warnleuchten, Leitbake und Bauzäunen.
Fundort: Unterführung der Bundesstraße nach Philippsthal am Hessischen RadfernwegR7/Wirtschaftsweg (Herbst 2016).

Radwegbaustelle

Nach § 45 Abs. 2 Satz 1 StVO können die Straßenbaubehörden zur Durchführung von Straßenbauarbeiten Verkehrsverbote und -beschränkungen anordnen, den Verkehr umleiten und ihn durch Markierungen und Leiteinrichtungen lenken. Wer denkt, so eine Fahrbahnsperrung sei einfach, der irrt gewaltig. Bei Teilsperrungen sind Absperrschranken mit mindestens drei gelben Warnleuchten einzusetzen, bei Vollsperrung Absperrschranken mit mindestens fünf roten Warnleuchten. Die vollständige Sperrung einer Fahrbahn muss mit Absperrschranken erfolgen, die von Fahrbahnrand zu Fahrbahnrand verlaufen und daher möglichst die gesamte Fahrbahnbreite abdecken. Das Zeichen 250 ist stets mit einer separaten Aufstellvorrichtung aufzustellen und darf nicht in die Fußplatten der Absperrschranken gesteckt werden. Außerorts, bzw. an vergleichbaren Standorten, sind in der Regel zwei Fußplatten pro Schrankenständer erforderlich. Im Bild zu sehen ist die geradezu klassische Variante einer Sperrung: Zeichen 250 mit Absperrschranke, fünf roten Leuchten und Bauzäunen.

Durch straßenverkehrsrechtliche Anordnung können per Einzelfallregelung oder auch auf unbestimmte Zeit durch Allgemeinverfügung (Verkehrsschilder) bestimmte Straßen (Vollsperrung) oder Straßenteile für die Nutzung im Rahmen des Gemeingebrauchs gesperrt werden. Handelt es sich um eine langfristig geplante Vollsperrung, beispielsweise für eine Straßenbaumaßnahme, wird eine Umleitungsstrecke eingerichtet, die mit Hilfe der Medien und einer entsprechenden Beschilderung angekündigt wird. Auf Radwegen ist die Umleitungsstrecke allerdings oft der eigenen Fantasie überlassen. Umso robuster sind die Antworten der Bauarbeiter vor Ort. Sie untersagen das Betreten der Baustelle aus haftungsrechtlichen Gründen. Ob ein Verkehrsweg befahrbar bleiben kann oder nicht regeln die - verwaltungsinternen - Richtlinien für die Sicherung von Arbeitsstellen an Straßen (RSA 95).

Es soll Radfahrer geben, die ihre eigene Auffassung zu Verkehrsregeln haben. Für die wurde das Bollwerk im Bild wohl auch gebaut.

Zeichen 240 (Gemeinsamer Geh- und Radweg) mit
Benutzungspflicht. Das Zeichen kennzeichnet auch den Gehweg
(§ 25 Absatz 1 Satz 1 StVO).
Fundort: Bodensee-Königssee-Radweg.

Rad- und Gehwegbenutzungspflicht

Auch RadlerInnen sind nicht die Inkarnation der christlichen Urgemeinde. Wer zügig unterwegs ist, der hasst Tourenradler noch mehr als Autoraser. Die Tourenradler sind mit tonnenschwerem Gepäck gemütlich unterwegs, halten aus unersichtlichen Gründen spontan an – und dies oft auch noch mitten auf dem Fahrradweg. Sportliche Rennradler meiden daher Radwege. Doch auch ihre Rennmaschinen sind Fahrräder im Sinne der Straßenverkehrsordnung. Auch für sie gilt: Radwege, die mit den Zeichen 237, 240 oder 241 gekennzeichnet sind, sind benutzungspflichtig.

Die Rechtsprechung lässt Ausnahmen von der Benutzungspflicht zu, wenn im konkreten Fall ein Verstoß gegen einen der drei Grundsätze bei Benutzungspflicht vorliegt: straßenbegleitend, benutzbar und zumutbar. Erfüllt ein Radweg auch nur eines dieser Kriterien nicht, muss er nicht benutzt werden. Man darf dann mit dem Fahrrad auf der Fahrbahn mitfahren, selbst wenn der Radweg beschildert ist.

Im Zusammenhang mit Radwegen gibt es laut ADFC erhebliche Sicherheitsbedenken. Radfahrern müsse daher die Möglichkeit gegeben werden, dort zu fahren, wo sie am sichersten sind. So sagt der Kreisverband Bottrop: *„Inzwischen kann es als erwiesen gelten, dass Radfahrer, die einen Radweg benutzen, einem höherem Risiko ausgesetzt sind, einen Unfall zu erleiden, als solche, die auf der Fahrbahn fahren."* Das Innenministerium des Landes Baden-Württemberg hat auf eine Anfrage der Grünen-Landtagsfraktion (Drucksache des Landtages Baden-Württemberg 14/1818) am 04.10.2007 geantwortet: *„Zahlreiche statistische Erhebungen und wissenschaftliche Untersuchungen weisen nach, dass die Unfallzahlen auf innerörtlichen Radwegen mit Radfahrerfurten deutlich höher sind als auf gemeinsam von allen Fahrzeugen genutzten Fahrbahnen".*

Die Nichtbenutzung des vorhandenen, beschilderten Radwegs kostet 20 Euro - bis 35 bei Sachbeschädigung oder Unfallfolge. Für die Benutzung in nicht zugelassener Richtung gelten die gleichen Sätze.

„Radweg defekt! Cycle Path blocked! Umleitung fahren!
Use redirection!" mit Aufdruck „Verbot für Radfahrer"
(StVO Verkehrszeichen-Nr. 254).
Fundort: Elberadweg östlich von Dessau (Herbst 2014).

Radweg defekt – Weiterfahrt verboten!

In der griechischen Antike war der Kreis wegen seiner Vollkommenheit beliebt. Heute wird er für das unbeliebteste Verkehrszeichen im Universum missbraucht. Zeichen 250 ist rund und zeigt einen roten Kreis mit weißer Mitte. Umgangssprachlich wird das Schild *"Durchfahrt verboten"* genannt. Laut StVO lautet jedoch die korrekte Bezeichnung "Verbot für Fahrzeuge aller Art". Auch als RadfahrerIn werdet ihr hier gegroundet. Bei dem Zeichen 250 findet sich hinsichtlich seines Anwendungsbereichs die bereits durch den Verordnungsgeber selbst vorgenommene ausdrückliche Einschränkung, dass das Verbot unter anderem nicht das Schieben von Krafträdern und Fahrrädern erfasse (vgl. hierzu BGBL. 1970 Teil I, Seite 1565 ff., 1588). Oft ist jedoch unterhalb des Verkehrszeichens ein Zusatzzeichen angebracht, etwa ein Fahrradsymbol und darunter steht *"Frei"*. In diesem Fall gilt das Durchfahrtsverbot für alle Fahrzeuge, außer eben für Radfahrer. Dpoch im vorliegenden Fall ist der Weg ausdrücklich ausweislich des eindeutigen Piktogramms auch für Radfahrer gesperrt. Nun soll es Radler geben, die dennoch weiterfahren. Sie müssen dann mit einem Bußgeld von 15 bis 20 Euro rechnen. Wie sieht die Rechtslage im Falle eines Unfalls aus? Hierzu hat das Landgericht Saarbrücken in seinem Urteil vom 23.03.2012 (Az: 13 S 207/11) festgestellt: „*Richtig ist zwar, dass dem Kläger die Benutzung des Weges aufgrund des Verkehrsverbots gemäß § 41 Abs. 1 StVO i.V.m. Zeichen 250 untersagt war. Das entsprechende Verkehrszeichen war deutlich sichtbar angebracht und galt – wie der Kläger selbst einräumt – auch unmissverständlich für den gesamten Bereich des Weges. … Allerdings ist anerkannt, dass sich der Umfang der Verkehrssicherungspflicht bei einer Straße grundsätzlich nicht aus deren Beschilderung mit Verkehrszeichen entsprechend der Anlage zur Straßenverkehrsordnung ergibt, sondern aus dem Umfang der Widmung, denn die Verkehrssicherungspflichten knüpfen an die tatsächliche Eröffnung des Verkehrs an, so dass im Einzelfall auch gegenüber erkennbar unbefugten Nutzern eines Wegs Verkehrssicherungspflichten bestehen können (vgl. OLG Frankfurt, OLG-Report 2001, 188 m.w.N.).*"

„Achtung Schafhaltung! Deichbenutzung nicht möglich.
Bereich bitte umfahren!"
Fundort: Elberadweg südlich von Magdeburg.

Schafhaltung

Vier Hufen statt zwei Reifen. Vollsperrung des Elberadweges. Glückliche Schafe, verärgerte Radwanderer. Die meisten RadlerInnen sehen ein, dass die Schafe die Deiche abweiden sollen, die Mauselöcher schließen und den Boden verdichten. Durch den bodenfestigenden Tritt und den tiefen Verbiss der Schafe gewinnen die Deiche an Stabilität. Aber der Bitumenweg hier südlich von Magdeburg gehört zum viel befahrenen Elberadweg. *„Warum können die Schafe nicht so eingekoppelt werden, dass sie erst eine Deichseite und dann die andere beweiden, damit die Menschen den Radweg nutzen können?"* *„Grundsätzlich haben die Schafe Vorrang – sogar per Gesetz. ... Es gibt tatsächlich gute Gründe, warum der Weg mit eingezäunt wird. Denn die Tiere wollen möglichst oft den höchsten Punkt des Deiches erreichen, weil sie von dort aus alles beobachten können und sich dann sicherer fühlen."* Das erklärte ein Mitarbeiter des Landesbetrieb für Hochwasserschutz und Wasserwirtschaft Sachsen-Anhalt.

Die Deichschäferei hat einen wichtigen Beitrag zum Deichschutz und hat während der vergangenen dreißig Jahre stark zugenommen. Man hat erkannt: das ist nachhaltig! Viele Deiche der Nordsee zwischen Dagebüll und Emden sind ganzjährig komplett eingezäunt und werden von friedlichen Grasfressern beweidet. Sie – die Schafe – teilen sich den Nordsee-Fernradweg mit den RadlerInnen. Konflikte treten nicht auf. Einziges Problem: die Schafscheiße auf dem Radweg ist gewöhnungsbedürftig. Justiziabel ist sie nicht. Haftung wegen Verletzung der Verkehrssicherheitspflicht kommt nur unter außergewöhnlichen Umständen in Frage. Zumal die Deiche durch Gatter betreten werden müssen. Deiche und Deichvorlanden befinden sich häufig in Staatsbesitz und werden an die Schafhalter verpachtet. Ist jemand zu Schaden gekommen, wird erst einmal der Besitzer zur Verantwortung gezogen und geprüft, ob er alle notwendigen Vorsichtsmaßnahmen getroffen hatte.

„Benutzungsordnung für die Schutzhütte Willingshausen:
- Benutzung der Anlage für Feiern u. ä. Nur nach Anmeldung bei
dem Vorsitzenden des Anglervereins Willingshausen.
- Abfälle sind ordnungsgemäß zu beseitigen.
- Ablagern und Verbrennen von Hausmüll, Bauschutt verboten.
- Zuwiderhandlungen sowie mutwillige Zerstörungen werden
strafrechtlich verfolgt.
Der Bürgermeister als Ortspolizeibehörde"
Fundort: Schutzhütte an der Antreff südlich von Willingshausen.

Schutzhütte, Benutzungsordnung

Ordnungen zum Zugang und zur Nutzung öffentlicher Einrichtungen werden in der Regel zusätzlich zu Hausordnungen oder an deren Stelle in *Benutzungsordnungen* geregelt. Diese sind öffentlich bekanntzumachen, zumindest auszuhängen oder zur Einsicht bereitzuhalten. Freizeitanlagen aller Art (OVG Münster, NJW 1976, S. 821) sind öffentliche Einrichtungen. Sie werden im öffentlichen Interesse unterhalten und durch eine behördlich Widmung den Einwohnern zugänglich gemacht. Die Widmung kann ausdrücklich durch Ratsbeschluss, Satzung etc. oder konkludent erfolgen. Zweck sowie Benutzungsart und -umfang werden durch die Widmung festgelegt.

Die weitaus meisten öffentlichen Einrichtungen werden von den Gemeinden im Rahmen der Daseinsvorsorge bereitgestellt. Sofern es sich nicht um im Rahmen von Pflichtaufgaben vorzuhaltende Einrichtungen handelt, ist die Gemeinde bei der Entscheidung über die Schaffung bzw. Erhaltung öffentlicher Einrichtungen frei.Nach den Gemeindeordnungen der Länder haben alle Einwohner der Gemeinde grundsätzlich einen Anspruch auf Benutzung der öffentlichen Einrichtungen der Gemeinde. Sofern es sich um eine private Schutzhütte (etwa eines AnglerInnenvereins) handelt, regelt der mündliche oder schriftliche Nutzungsvertrag und bei größeren sowie oft genutzten Hütten die Hausordnung Zugang und Nutzung. Letztere ist eine Sammlung privatrechtlicher Vorschriften, die für die Benutzung jedweder Gebäude erlassen werden kann. Hausordnungen dürfen keine Bestimmungen enthalten, die den allgemein gültigen Gesetzen (etwa dem Minderheitenschutz) widersprechen. Es ist in Deutschland nicht Vorschrift, in einem für Besucher zugänglichen Gebäude die Hausordnung kenntlich zu machen. Was passiert bei Missachtung? Der Verstoß gegen die Hausordnung wird in leichteren Fällen meist durch eine Abmahnung, in schweren Fällen durch eine Vertragskündigung oder ein Hausverbot geahndet. Eine Abmahnung ist die formale Aufforderung, eine bestimmte Handlung oder ein bestimmtes Verhalten zu unterlassen.

„Achtung! Bei Starkwind Gefahr von Astbruch"
Fundort: Irgendwo im Nirgendwo.

Starkwind: Warnung vor Astbruch

Auch beim Betreten des Waldes gilt: Augen auf! Er ist nicht nur eine hyggelige Wohlfühloase (Stichwort *Waldbaden*), sondern birgt auch Gefahren. Gemeint sind damit nicht die Wölfe. Nein und nochmals: NEIN. Auch nicht die Wolpertinger, die sich laut Münchner Jagd- und Fischereimuseum unerfreulicherweise von „preußischen Weichschädeln" - also der Mehrheit der sogenannten Biodeutschen – ernähren. Typische Gefahren für den Besucher sind vielmehr triviale Dinge wie morsche Äste oder abgestorbene Bäume, die umstürzen können. Denn: Absolute Gewissheit über die Stand- und Bruchsicherheit von Bäumen gibt es nicht. Auch nicht im Wald. Daher haftet der Waldbesitzer grundsätzlich nicht für waldtypische Gefahren wegen Verletzung der Verkehrssicherungspflicht. Dies urteilte der Bundesgerichtshof am 2. Oktober 2012 (VI ZR 311/11). Die Klägerin ging im Hochsommer 2006 mit ihrem Hund in einem etwa 300 ha großen, planmäßig bewirtschafteten Wald am Stadtrand von D. Spazieren. Von einer Eiche, die etwa fünf bis sechs Meter neben dem Weg stand, löste sich ein sogenannter Starkast. Der 17 Meter lange Ast landete auf dem Hinterkopf der Klägerin. Die erlitt eine schwere Hirnschädigung. 2012 höchstrichterlich entschieden: § 823 BGB, § 25 LWaldG SL und § 14 BWaldG gaben und geben eine Haftung wegen Verletzung der Verkehrssicherheitpflicht durch den kommunalen Waldbesitzer und seinen zuständigen Förster nicht her. Deren Umfang und die Grenzen hängen sehr stark vom Standort des Baumes, der Art des Verkehrs und den berechtigten Sicherheitserwartungen der Verkehrsteilnehmer ab. Deswegen wird bei der Frage nach Umfang und Grenzen nach bestimmten, in der Rechtsprechung heraus gearbeiteten Fallgruppen unterschieden. Sollten im Wald atypische, also nicht durch die Natur oder die Art der Bewirtschaftung zwangsläufig vorgegebene, sondern vom Waldbesitzenden selbst geschaffene Gefahren auftreten, müssen die Waldbesucher vor diesen Gefahren geschützt werden (BGH, Urteil vom 2.10.2012 – VI ZR 311/11).

„Achtung! Straßenquerung! Gefährliche Straßenquerung
– kein Radweg. Radfahrer bitte absteigen! Radwanderland.de"
Fundort: L 145 an der Mosel Richtung Kenn/Trier.

Straßenquerung, gefährliche

Vom Radweg in die Notaufnahme? Ganz oben auf der Angstliste von RadfahrerInnen stehen gefährliche Straßenquerungen. Oft sind die Gefahrenstellen den Straßenverkehrsbehörden bekannt. Doch seit Wirtschaftswunderzeiten hat der motorisierte Verkehr Vorrang.

Hier am Moselradweg westlich von Longuich wird in dem unübersichtlichen Streckenabschnitt statt eines Höchsttempos (angezeigt wäre Schritttempo) der Radler lieber durch ein unübersichtliches und eher verwirrendes Schild gewarnt. Der Träger der Straßenbaulast genügt damit keineswegs seiner Verkehrssicherungspflicht (§ 823 ff. BGB).

Am Moselradweg sind sehr oft größere Gruppen unterwegs. Das OLG Hamm hatte sich aus haftungsrechtlicher Sicht mit einer geführten Radtour zu beschäftigen. Ein Schützenverein hatte eine Radtour organisiert. Ein einzeln fahrender Nachzügler querte unaufmerksam eine Straße und hat dabei wohl nicht einmal gemerkt, dass es sich um eine Vorfahrtstraße handelte. Er kollidierte mit einem vorfahrtsberechtigten Kraftfahrzeug und verletzte sich schwer. „Wenn der Deutsche hinfällt, steht er nicht auf, sondern sieht sich um, wer ihm schadensersatzpflichtig ist." (Kurt Tucholsky). Folglich wollte er von seinem Vereinsvorstand Schadensersatz haben. Begründung: Man hätte extra für ihn eine besonders abgesicherte Straßenquerung durch Aufstellen von Warnposten schaffen und ihm damit ein gefahrloses Überqueren gewährleisten müssen. Der Vorstand hätte die Oberaufsicht übernehmen müssen, er hätte die Organisatoren der Radtour einweisen, unterrichten und schulen, die Benutzung von Schutzhelmen verlangen und die Feuerwehr und die Polizei hinzuziehen müssen. Das OLG Hamm (NJW-RR 2014, 804) lehnte die Ansprüche ab. Es habe keinen Anlass für dergleichen Maßnahmen gegeben und damit auch keine Pflicht dazu. Der Vereinsvorstand und die eigentlichen Organisatoren seien auch nicht verpflichtet gewesen, wegen einer übermäßigen Straßennutzung im Sinne des § 29 Absatz 2 StVO besonders erhöhte Vorsicht walten zu lassen oder gar eine behördliche Erlaubnis einzuholen.

„Umfahrung. Engstelle am Ufer. Lahnradweg. 350 m Uferstrecke
als Radweg gesperrt. Grund: 5 m tiefe, senkrechte Uferböschung
ohne Absicherung und Ausweichmöglichkeit ,
sehr schmaler Weg, viele Fußgänger."
Fundort: Lahnradweg zwischen Lahnstein und Bad-Ems.

Umfahrung Engstelle, Durchfahrt verboten

Der Begriff *Gehweg* ist in Deutschland nicht klar abgegrenzt. Anders bei unseren österreichischen Nachbarn: *„Ein Gehweg ist ein für den Fußgängerverkehr bestimmter und als solcher gekennzeichneter Weg."* (§ 2 Abs.1 der österreichischen Straßenverkehrsordnung). Eindeutig ist hingegen das Verkehrszeichen 239. Es zeigt einen Sonderweg für Fußgänger an. *„Fahrzeuge müssen die Fahrbahn benutzen"* (§ 2 Abs.1 StVO) - oder den Fahrradweg, sofern entsprechend (und rechtskonform) ausgeschildert. Fahrräder sind Fahrzeuge. Einfache juristische Subsumption. Erstes Semester. Generelle Ausnahme sind *„Kinder bis zum abgeschlossenen 8. bzw. 10. Lebensjahr (§ 2 Abs.5 StVO)".* Und nun wird es ein wenig kompliziert im Schilderwald. Keine Sorge. Astrophysik ist schwieriger. Es geht schlicht darum, die knappe Fläche zwischen Radlern und FußgängerInnen zu teilen. Dazu gibt es drei Varianten: Ein gemeinsam von Fußgängern und Fahrradfahrern genutzter Weg wird durch das Verkehrszeichen *Sonderweg für Fußgänger/Radfahrer VZ 240* angezeigt. Hier sind RadlerInnen gesetzlich zur Achtsamkeit verpflichtet. Im Gegensatz zur landläufigen Meinung dient die Signalklingel nicht dem Verscheuchen des noch langsameren Langsamverkehrs. Sie ist Gefahrensituationen vorbehalten. Die nächste Variante schreibt die räumliche Trennung vor. Das Verkehrszeichen 241 zeigt an, dass der Weg von Fußgänger und Radfahrern getrennt genutzt werden kann. Eine durchgezogene Mittellinie sorgt für Ordnung. Zu guter Letzt kann der mit Zeichen 239 StVO versehene *„Sonderweg Fußgänger"* mit dem Zusatzzeichen 1022-10 ʼRadfahrer freiʼ (VwV-StVO zu Zeichen 239 II.) beschildert und damit auch für den Radverkehr freigegeben werden. Grundsätzlich geht es dabei um die Zulassung hauptsächlich des langsamen Radverkehrs, wobei der schnellere Radverkehr weiterhin die Fahrbahnen benutzen darf. Es gibt also im Gegensatz zur Beschilderung mit Zeichen 240 „gemeinsamer Fuß- und Radweg" keine Benutzungspflicht für den Radverkehr.

„PRIVATE OBSTWIESE. Wir freuen uns auf leckeres, reifes Obst. Deswegen pflegen wir die Bäume das ganze Jahr mit viel Liebe. Daher: Nur schauen, NICHT anfassen. DANKE!"

Fundort: Obstwiese irgendwo am Moselradweg.

Verbotene und erlaubte Früchte

Die meisten Grundstücksbesitzer dürften kein Problem damit haben, wenn Spaziergänger ein wenig Wegzehrung mitnehmen. An beliebten Rad- und Wanderwegen sind die Bäume der ersten Reihe allerdings oft geleert. *„Das macht ja nichts, der Landwirt hat ja genügend."* Macht nichts? In manchen Regionen geht fast ein Viertel der Ernte an die Unverfrorenen. Der Bodensee-Radweg zählt 220.000 Radfahrer pro Jahr! Hartnäckig hält sich das Gerücht, es handele sich um sogenannten Mundraub. Der war erstens nie straffrei und ist zweitens Geschichte. Zum 1. Januar 1975 wurde der Tatbestand der Verbrauchsmittelentwendung „zum sofortigen Verzehr" gem. § 370 Nr. 5 StGB a. F. abgeschafft. Er war im Grunde ein milder bestrafter Fall des Diebstahls. Wer den Eigentümer nicht um Erlaubnis fragt, kann von ihm angezeigt werden. Der Diebstahl (§ 242 StGB) von Sachen mit geringem Wert wird aber nur auf Antrag verfolgt. Polizei oder Staatsanwaltschaft werden bei Früchteklau nur aktiv, wenn der Eigentümer oder jemand anders das verlangt. Selbst wenn ein Ast über den Zaun ragt, gehören die Früchte dem Grundstücksbesitzer. Wer über eine Absperrung klettert, macht sich auch noch des Hausfriedensbruchs schuldig. Doch auch ohne Zaun ist Privatbesitz geschützt. Man darf das Grundstück zwar betreten, aber kein Obst mitnehmen – nicht einmal dann, wenn es auf dem Boden liegt. Auch Pilze auf privaten Waldgrundstücken sind dem Eigentümer vorbehalten. Die gute Nachricht: Wildwachsende Früchte (und Pilze) darf jeder ernten. In geringen Mengen und für den Eigenverbrauch. Größere Mengen sind genehmigungspflichtig.

Was passiert, wenn man beim Diebstahl erwischt wird? Der geringfügige Wert des Diebesgutes ist heute kein durchgreifendes Kriterium mehr für die Einstellung eines Verfahrens. Dennoch wird es in der Regel eingestellt, wenn es sich um einen Ersttäter handelte und die gestohlene Ware einen Wert von unter 25 Euro hatte. Im Wiederholungsfall wird dann jedenfalls die Verhängung einer Geldstrafe in Betracht kommen.

„VOGELSCHUTZGEBIET. Betreten in der Zeit vom 1.März bis zum 30. September jeden Jahres gemäß der Verordnung des Landratsamtes Bayreuth vom 27.Januar 1988 verboten. Ausgenommen ist die landwirtschaftliche und fischereiliche Nutzung. Zuwiderhandlungen können mit Geldbuße bis zu 50.000 ,-- DM geahndet werden. Landratsamt Bayreuth"

Fundstelle: Mainaue nördlich von Bayreuth.

Vogelschutzgebiet

„*Chrochrochro*". Der knapp gänsegroße Kormoran sorgt für Dauerstreit zwischen Fischern und Naturschützern. Angler und Berufsfischer beklagen, dass der Kormoran tut, was Kormorane auf allen Erdteilen tun, wo sie heimisch geworden sind: Sie fressen Fische. Die Angaben schwanken dabei zwischen 150 und 400 Gramm pro Tag. Das kam schon früher nicht gut an. Selbst ornithologische Vereine beteiligten sich an der Bekämpfung der "*schädlichen*" Vogelart. Die Folge: In Mitteleuropa war die Art nach 1920 praktisch ausgerottet. Wegen des maßlos übertriebenen „*fischereiwirtschaftlichen Schadens*" erreichen noch heute einige nicht ihr natürliches Lebensalter von etwa zwanzig Jahren. Ich erinnere an das sogenannte "*Kormoran-Massaker von Anklam*" im Jahre 2005. In einem Naturschutzgebiet! Es kam zu Protesten im In- und Ausland. *Phalacrocorax carbo* hat in gewissen Kreisen einen miesen Ruf: *gefräßiger Vogel, Fischräuber, Fischdieb, Schwarzer Kampftaucher, Wahre Geißel der Gewässer, Die schwarze Invasion, Kormoranplage.* Zwecks Imageverbesserung wählten deutsche und österreichische Naturschützer das Tier zum Vogel des Jahres 2010. Die bereits dreißig Jahre zuvor 1979 in Kraft getretene Vogelschutzrichtlinie der EU (Richtlinie 79/409/EWG des Rates vom 2. April 1979) regelt den Schutz der wildlebenden Vogelarten und ihrer Lebensräume in der Europäischen Union und den Einrichtungen von Vogelschutzgebieten. Aktuell gilt die Richtlinie in der Fassung 2009/147/EG. Mit dieser Richtlinie haben sich die Mitgliedstaaten zur Einschränkung und Kontrolle der Jagd ebenso wie zur Verwaltung von Vogelschutz-Gebieten als eine wesentliche Maßnahme zur Erhaltung, Wiederherstellung bzw. Neuschaffung der Lebensräume seltener oder bedrohter Vogelarten verpflichtet. Sie dient gemeinsam mit der Fauna-Flora-Habitat-Richtlinie im Wesentlichen der Umsetzung der Berner Konvention, dem Übereinkommen über die Erhaltung der europäischen wildlebenden Pflanzen und Tiere und ihrer natürlichen Lebensräume.

„*Willkommen in den Niedersächsischen Landesforsten! Befahren mit Kraftfahrzeugen und Zugtiergespannen verboten! Zuwiderhandlungen werden verfolgt. Frei für Forstbetrieb und Anlieger. Viel Freude im Wald wünscht Ihr Niedersächsisches Forstamt.*"*
Fundort: Am Europaradweg R 1 im Nordharz.

Waldweg

Boris Becker – den Älteren unter Ihnen noch als Tennisstar bekannt - soll dabei erwischt worden sein, wie er sich durch einen Wald fahren ließ. Um einen Stau zu umgehen. Das berichtete der Südwestrundfunk. Demnach hat ein Förster seinen Wagen im März 2019 im Gemeindewald von Remchingen im Enzkreis gestoppt.

Die scheinbar unbewachten Waldwege üben auch auf Normalsterbliche einen besonderen Reiz aus. Ist deren Befahren legal? Nicht in jedem Bundesland. Verbote können je nach Landeswaldgesetz für Kfz-Fahrer und auch für Radfahrer gelten. In der Regel weisen entsprechende Verkehrszeichen auf das Verbot hin. Bei Unklarheiten fragen Sie den örtlich zuständigen Förster. Der muss es wissen. In seinem Revier übt er die Polizeigewalt aus. Daher ist er befugt, Ihre Personalien aufzunehmen und Ordnungswidrigkeiten zu ahnden. Ein von der Jagdbehörde bestätigter Jagdaufseher hat die gleichen Rechte.

Das Befahren von Waldwegen mit motorisierten Fahrzeugen ist zum Beispiel im Freistaat Sachsen nach der *Waldsperrungsverordnung* außer für die Waldparzellenanlieger und den Wegeigentümer verboten. Das SächsWaldG § 11 Abs. 4 sagt ausdrücklich: Benutzungsarten wie das Fahren mit Motorfahrzeugen, Fuhrwerken oder Kutschen, das Zelten, das Abstellen von Wohnwagen und Fahrzeugen sowie das Aufstellen von Verkaufsständen im Wald sind nicht Teil des Betretensrechtes. Der Freistaat Bayern gewährleistet in Art. 141 Abs. 3 Satz 1 seiner Landesverfassung das Grundrecht auf Genuss der Naturschönheiten und Erholung in der freien Natur. *„Die Aufzählung des Betretens von Wald und Bergweide, des Befahrens der Gewässer und der Aneignung wildwachsender Waldfrüchte in ortsüblichem Umfang hat nur beispielhaften Charakter (VerfGH, E.v. 4.5.2012 - Vf. 10-VII-11 - BayVBl 2013 S. 207/210). Geschützt ist auch das Radfahren in freier Natur, soweit es der Erholung und nicht kommerziellen oder rein sportlichen Zwecken dient und soweit die Radfahrer - der Verpflichtung des Art. 141 Abs. 3 Satz 2 BV entsprechend - mit Natur und Landschaft pfleglich umgehen.“* VGH München (Urteil v. 03.07.2015 - Az: 11 B 14.2809).

„Zum Urwaldstieg ...."
Fundort: Nationalpark Harz.

Wanderwegweiser

Managementtrainer*nnen und Erlebnispädagog*nnen schicken ihre Schützlinge auf Orientierungsmärsche in die Wildnis. Das geht nicht immer gut. Für Couchpotatoes: *A Walk in the Woods* von 2015. Zu sehen: Robert Redford und Nick Nolte in der *Hundred-Miles-Wildernis* („Its difficulty should not be underustimated."), dem nördlichsten Abschnitt des legendären *Appalachian Trail*.

Karte – Kompass – Suchaktion. Nicht, dass mir das nicht auch schon passiert wäre. Allzu gleich sehen sich die Rinnsale im waldreichen Mittelgebirge aus. Leider tragen sie keine Namensschilder (Bei größeren, straßenkreuzenden ist das durchaus üblich: Nur wo *Wümme* draufsteht, ist auch *Wümme* drin!).

Wohl dem, der einem Wanderwegweiser folgen kann. Insgesamt gibt es in Deutschland ein gut beschildertes und von vielen zum Teil ehrenamtlichen Helfer*innen gepflegtes Wanderwegnetz von etwa 190.000 km. Allerdings muss man die Zeichen zu lesen wissen. So einfach ist das nicht. Jedenfalls in Deutschland. Noch herrscht ein Flickenteppich. In der Schweiz werden die Grundsätze über Fuß- und Wanderwegnetze vom Bund festgelegt. 2006 trat eine Norm für die *Signalisation des Langsamverkehrs* (SN 640 829a) in Kraft, welche neben den Wanderwegen auch die Velo-, Mountainbike- und Skatingwege behandelt. Mit dieser verbindlichen Norm wurde die Gestaltung der Signale harmonisiert.

In Deutschland gibt es mit der DIN 33466 auch eine Norm zumindest für die Markierung von Wanderwegen. An diesem Normierungsprojekt waren unter anderem der Deutsche Wanderverband, der deutsche Alpenverein und die Naturfreunde beteiligt. Für die Erstellung der Anforderungen an die Gestaltung und den Inhalt von Wegweisern wurden Mindestanforderungen festgelegt wie Maße, Farbe, Schrift, sowie die zur Orientierung wichtigsten Inhalte, wie Richtung, Zielort, Weglänge/Gehzeit. Die Anwendung ist jedoch freiwillig. Im Nationalpark Harz wurde auf Originalität Wert gelegt.

Weitere Bücher finden Sie

auf der Autorenhomepage:

www.outdoor-reiseberichte.info

Rechtsanwalt
Guido Block-Künzler
Schützenstr. 13 (Naturfreundehaus), 35576 Wetzlar
06441-2106671   017650821974
Mandate und Beratung bundesweit
www.outdoor-recht.de

Anwalt, Autor, Abenteurer

Es gibt sie noch: die Abenteurer. Guido Block-Künzler ist einer von Ihnen. Das aktuelle Projekt führt ihn zu Fuß rund um Deutschland.
Wetzlarer Neuen Zeitung am 08.03.2019

Von seiner „Dichter- und Denkerstube" in der Spilburg aus hat er einen schönen Blick ins Land. Doch Guido Block-Künzler wird es hier nicht lange in Wetzlar halten. Ihn lockt die Ferne …
Wetzlarer Neuen Zeitung am 27.08.2013

Guido Block-Künzler erzählt von der Begegnung mit Menschen wie jenem Herren auf einem Supermarktparkplatz: Er hatte den bärtigen Gesellen — „Man glaubt gar nicht, wie schnell man unzivilisiert aussieht" — mit dem vollgepackten Rad angesprochen, sich nach dem Woher und Wohin erkundigt und nach dem Fazit all seiner Reisen durch Deutschland gefragt. Und? „Dieses Land ist weitaus friedlicher, die Leute sind freundlicher und es ist ungefährlicher, so wie ich zu reisen, als man denkt." Ja, auch wenn Guido Block-Künzler im Wald geschlafen hat, im Revier von Wildschweinen und Wölfen …"
Wetzlarer Neuen Zeitung am 19.11.2013

Ein Hesse erkundet die Bundesrepublik. Auf einem gewöhnlichen Fahrrad umrundet er alle Bundesländer, kampiert meist wild und taucht dabei tief in das Wesen von Landschaft und Bewohnern ein. Unmittelbares Erleben trifft auf lebendige Historie.
PETT MAN SÜLM! (ADFC Schleswig-Holstein, 2/2013)

„Einmal Rügen und zurück": *Ich habe gerne darin geblättert und mich über viele vertraute Eindrücke und manche neue Information gefreut."*
Joachim Gauck (Ex-Bundespräsident, geboren in Rostock) Berlin 2012

„Einmal Schlitz und zurück": *Ein interessantes Buch, fernab jeglicher Reiseführer. Gerade deswegen kann man es empfehlen.*
Schlitzer Bote/Fuldaer Zeitung am 23.01.2012